Paul COMBES

Conserver la couverture

Le Problème 31173

du Bonheur

&

AUBANEL FRÈRES, ÉDITEURS, AVIGNON

BIBLIOTHÈQUE AUBANEL FRÈRES

Paul COMBES

Le Problème du Bonheur

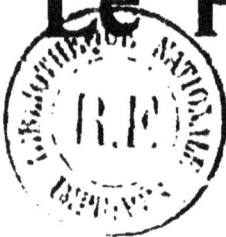

AVIGNON

LIBRAIRIE AUBANEL FRÈRES, ÉDITEURS

IMPRIMEURS DE N. S. P. LE PAPE

LE BONHEUR

SONNET

— « Bonheur ! Ah ! laisse-nous saisir, une seconde,
» Tout ce que tu promets de biens délicieux,
» Trop rebelle charmeur, mobile comme l'onde,
» Eternel fugitif, fantôme gracieux !...

» Arrête, un seul instant, ta course vagabonde !
» Cesse de te cacher, être capricieux !... »
Ces cris ont fatigué tous les échos du monde...
Et le bonheur répond à l'homme soucieux :

— Je suis là, près de toi !... Mais ton espoir se fie
» A l'avenir trompeur, et toujours sacrifie
» Le bonheur d'aujourd'hui pour celui de demain

» C'est toi le fugitif, et c'est toi le rebelle,
» Car, depuis bien longtemps, ma douce voix t'appelle,
» Et je te souriais en te tendant la main !...

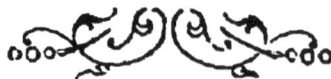

INTRODUCTION

Comment doit être posé le Problème du Bonheur

I

On a beaucoup écrit sur le bonheur.

Il n'y a, pour ainsi dire, aucun philosophe, aucun moraliste, qui ait manqué d'aborder ce sujet. D'autre part, une foule d'auteurs, même sans prétentions psychologiques, ont aussi exprimé, occasionnellement, leur avis à cet égard.

Cette préoccupation générale n'a rien qui puisse surprendre. Le problème du bonheur est considéré à bon droit, — parmi ceux qui intéressent le plus l'humanité, — comme capital pour ce monde, au même titre que le *to be or not to be* [1] d'Hamlet pour l'autre monde.

Malheureusement, le nombre des opinions qui ont été émises sur cette question, bien loin d'être une assurance de la facilité de sa solution, témoigne, au contraire, de l'embarras qu'ont éprouvé les plus grands esprits pour l'élucider.

Est-ce à dire qu'ils n'y ont pas vu clair, ou que le problème soit insoluble ?

Nullement !... On peut affirmer, au contraire, — lorsqu'on les a lus avec attention, — que la plupart des auteurs ont écrit, au sujet du bonheur, d'excellentes choses et que tous ont découvert une part plus ou moins considérable de vérité.

Seulement, ils ont tous été, plus ou moins, les victimes de cette disposition d'esprit, si fréquente chez les psychologues, qu'exprime admirablement le mot allemand d'*einseitigkeit* !

L'*Einseitigkeit*, c'est la vue d'un seul côté des choses, d'une seule face des objets, d'un seul résultat des principes, d'une seule conséquence des idées. Les Grecs auraient appelé cet état de la pensée : le *monologisme*.

Le *monologisme* est surtout le travers des philosophes, parce qu'ils examinent toutes choses dans un milieu abstrait, dépouillé des réalités contingentes. A

---

1 « Être ou ne pas être ! »... C'est le problème de la survivance de l'âme après la mort que Shakespeare place en ces termes dans la bouche d'Hamlet.

force d'analyses et de distinctions subtiles, ils finissent par croire à l'existence de leurs propres créations. Dans leur esprit, des entités purement logiques prennent un corps, ont une réalité, et finalement, pour eux, les mots ne représentent plus de simples *conceptions*, mais des choses existantes.

C'est ce qui est arrivé pour le mot *bonheur*.

De cette conception abstraite, on a fait une *réalité*, une sorte de *chose désirable*, soit extérieure, soit intérieure, mais toujours nettement délimitée et bien distincte de notre vie propre.

Et c'est sur ce bonheur *idéal* qu'on a raisonné d'une manière *absolue*, toujours en vertu de cette pente glissante. de l'esprit philosophique qui le porte au *monologisme*, à l'*einseitigkeit* !

Du moment que l'on considérait le bonheur comme quelque chose de bien délimité, indépendant de la personnalité humaine, il était logique de poser le problème du bonheur sous cette forme absolue :

*Comment l'*HOMME *peut-il acquérir le bonheur ?*.

Et, d'autre part, il était tout naturel de penser qu'à ce problème unique devait répondre une solution unique.

Telle est la conception simpliste qui, de tous temps, a servi de thème aux réflexions des psychologues, et qui domine encore aujourd'hui dans la plupart des esprits, même cultivés, même teintés de philosophie.

Au contraire, les hommes qui ont la notion la plus nette de ce qu'est, en réalité, le bonheur, se rencontrent parmi ceux qui ne font pas profession ordinaire de psychologie, et dont les opinions sont principalement guidées par l'expérience et le bon sens. Ceux-là ne sont pas aveuglés par l'*einseitigkeit*, — ceux-là envisagent tous les côtés de la question sans faire appel à des idées abstraites et absolues, — et c'est ce qui fait qu'ils y voient clair, là où de plus savants qu'eux n'y voient goutte.

Peu de privilégiés ont eu de ces clartés, ou, du moins, il n'en est qu'un petit nombre qui les aient fait connaître, — mais, lorsque les philosophes eux-mêmes se leurrent si grossièrement sur ce point, faut-il s'étonner de voir la grande masse de l'humanité croire, de toutes les forces de son âme, à ce fantôme du *bonheur* créé par son imagination, le rechercher en tous lieux, et se lamenter amèrement parce qu'elle ne parvient pas à saisir l'insaisissable ?

En somme, *une erreur philosophique capitale a faussé toute la psychologie du bonheur, et le problème, ayant été mal posé, n'a pas été résolu.*

Où gît la cause de cette erreur ?

Nous allons le faire toucher du doigt.

II

Fatigué de guerroyer, — tantôt avec l'épée, tantôt avec les mots, — Charles-Quint s'enfuit du trône et se réfugia dans une cellule. Il y chercha la paix, et l'y trouva. Son jardin lui donnait plus de jouissance qu'autrefois les champs de Pavie.

Il passait son temps à faire des essais mécaniques.
Secondé par le génie de Turiano, il composa d'abord
des figures de bois à mouvements automatiques. Son
amusement favori fut ensuite l'horlogerie.

Il maniait ses horloges comme autrefois l'Etat et ses
sujets. Il les démontait, éprouvait les rouages, et
cherchait à les faire jouer avec harmonie.

Il chercha, pendant plusieurs semaines, à donner à
deux horloges un mouvement égal. Mais ses efforts
furent vains, ainsi que ceux de son ami.

— Hé! s'écria-t-il enfin en riant, vois donc, nous
ne pouvons réussir à régler deux pendules !... Comment
donc a-t-il pu me venir en tête, à moi, de jeter dans
un même moule la raison et la conscience de tant de
milliers d'hommes ?

Cette réflexion de Charles-Quint exprime, d'une
manière saisissante et inoubliable, une profonde vérité.

C'est folie, en effet, de croire qu'une règle unique
est uniformément et parfaitement applicable à l'infinie
variété des personnalités humaines.

C'en est une plus grande encore de supposer, comme
tant d'utopistes, ingénieux inventeurs de systèmes, que
la *marche des choses* se modifiera au gré des conceptions
humaines.

« L'on s'est imaginé, beaucoup trop longtemps, dit
Jean-Baptiste Say, que l'ordre social est tout entier
l'effet de l'art, et que partout où cet ordre laisse
apercevoir des imperfections, c'est par l'imprévoyance
du législateur, ou par la négligence du magistrat. De là
sont nés ces plans de sociétés imaginaires, comme la

République de Platon. Chacun a cru pouvoir remplacer une organisation défectueuse par une meilleure, sans faire attention qu'il y a dans les sociétés une *nature des choses* qui ne dépend en rien de la volonté de l'homme, et que nous ne saurions régler arbitrairement. »

Une de ces réalités, qui sont dans la *nature des choses*, qui ne dépendent en rien de la volonté de l'homme, et que nous ne saurions régler arbitrairement, c'est l'inégalité des conditions.

« Il n'y a pas inégalité sociale, dit Ed. Laboulaye, parce que l'un est riche et que l'autre est pauvre; il y a inégalité sociale quand l'un est ignorant et que l'autre est instruit. Et malgré toutes les révolutions, jamais celui qui ne sait rien ne sera l'égal de celui qui sait quelque chose. »

C'est cette inégalité des individualités humaines, *qui est dans la nature des choses*, qui domine toute la question du bonheur.

C'est parce que les psychologues se sont obstinés à considérer *un bonheur idéal applicable à un homme idéal*, sans tenir compte des réalités de la vie, qu'ils ont fait fausse route.

Dès que l'on redescend de ces nuages sur la terre, on commence à y voir clair.

Aristote définissait la politique :

« L'art de rendre les peuples heureux. »

Sismondi adopte cette définition et il ajoute :

« La science du gouvernement, c'est d'accroître le bonheur des hommes et de le distribuer également. Mais ce n'est pas l'égalité des conditions, — c'est le bonheur dans toutes les conditions que le législateur doit avoir en vue. »

Le bonheur dans toutes les conditions !... Voilà aussi ce que le philosophe, le psychologue, le moraliste, n'auraient jamais dû perdre de vue. Non seulement le problème du bonheur n'est pas le même dans toutes les conditions sociales, mais il doit nécessairement varier suivant l'âge, le sexe, le tempérament, le caractère, suivant les multiples circonstances qui transforment et qui différencient l'individualité humaine.

Comment admettre que tous les hommes soient susceptibles d'avoir le même idéal ? Comment admettre, notamment, qu'ils seront capables de se contenter des satisfactions que les philosophes de profession ont jugées suffisantes pour eux-mêmes dans leur conception du bonheur ? Et qui nous dit que ces philosophes ont jamais appliqué avec succès, dans la pratique de leur propre vie, les préceptes qu'ils ont préconisés ?

Non, l'humanité ne vit pas dans un monde de chimères : elle vit sur la terre. L'humanité n'est pas une abstraction : elle se compose d'individualités dont chacune a des tendances distinctes.

Il ne s'agit donc pas de rechercher un bonheur idéal pour une humanité de fantaisie. Il faut se demander, tout simplement :

« Comment chaque personnalité humaine, en tenant compte de ses tendances individuelles et des circonstances dans lesquelles elle vit, peut-elle réaliser le bonheur qui lui convient, *le bonheur dont elle a besoin ?* »

Cette fois, le problème du bonheur est bien posé, parce qu'il ne vise pas une théorie, une abstraction, mais qu'il s'attaque directement, nettement, à une réalité qui nous intéresse : vous ! moi ! tout le monde !

III

L'objet de ce livre est justement de rechercher la solution du problème ainsi posé.

Comment chacun, dans cette vie, peut-il être heureux ?

Nous commencerons par écarter les « fausses conceptions du bonheur » (Chapitre premier), y compris celle du « bonheur absolu » (Chapitre II).

Nous montrerons ensuite ce qu'est réellement le bonheur (Chapitre III), et nous déterminerons les conditions nécessaires à sa réalisation (Chapitre IV).

Il nous sera alors facile d'examiner les différentes circonstances dans lesquelles peuvent se trouver les hommes vis-à-vis des conditions du bonheur, soit au point de vue physique (Chapitre V), soit au point de vue des biens extérieurs (Chapitre VI), de l'intelligence et de l'instruction (Chapitre VII), du caractère (Chapitre VIII), de la conscience et des passions (Chapitre IX).

Cela nous permettra d'établir (Chapitre X) que tout homme peut, s'il le veut, réaliser un bonheur relatif très appréciable, — mais que le bonheur parfait n'est pas de ce monde (Conclusion).

Ce serait, pour l'auteur, une satisfaction de plus ajoutée à celles dont il a su composer son « bonheur ordinaire », si ces réflexions, que lui a suggérées son expérience de la vie, pouvaient contribuer à dessiller des yeux hypnotisés par la fausse conception d'une félicité toujours fugitive. Puisse ce livre procurer à ses lecteurs, ou accroître chez eux, ce bonheur calme, inaliénable, qui réside dans la sereine quiétude d'une conscience sachant ce que valent et ce que durent tous les biens.

CHAPITRE PREMIER

Fausses conceptions du Bonheur

§ 1er

« Les opinions les plus absurdes, dit Cabanis, doivent leur origine à l'abus de quelques observations incontestables, et les erreurs les plus grossières sont le résultat de certaines vérités reconnues, auxquelles on a donné une extension forcée, ou dont on a fait une mauvaise application. »

Cette réflexion s'applique de tous points aux fausses conceptions que les hommes se sont faites et se font encore de la nature du bonheur.

Il est d'expérience quotidienne que, dans la vie, certaines choses nous sont agréables, nous font plaisir : on les appelle des biens, et l'on n'a pas tort.

Par contre, toutes les choses qui nous sont désagréables, nuisibles, douloureuses, sont considérées comme des maux, et, ici encore, on a raison.

Où l'erreur commence, c'est quand, faute de réflexion, on croit que ce que nous qualifions de bien ou de mal, mérite ces appellations en soi et par une sorte de vertu propre.

C'est encore là une mystification de l'*einseitigkeit*, ce travers de l'esprit dont nous avons déjà signalé le danger dans notre *Introduction*.

Nous faisons, des biens et des maux, autant d'entités parfaitement caractérisées, avec des qualités innées qu'elles ne peuvent perdre en aucune circonstance. Il en résulte que, pour nous, les biens sont toujours désirables, — les maux toujours désastreux, — et que, pour être heureux, il faut s'appliquer avec soin à rechercher les premiers et à fuir les seconds.

On ne se rend pas compte que toutes choses ne sont des biens ou des maux que suivant l'idée que nous nous en faisons, et relativement à nous, à nos besoins, à nos désirs, à nos passions.

En elles-mêmes, ces choses sont tout à fait indifférentes, et la meilleure preuve de cette vérité, c'est que le même fait peut être considéré par nous comme un bien ou comme un mal, suivant les circonstances, où suivant le point de vue auquel nous nous plaçons.

Entrons dans le concret.

Vous êtes heureuse, mademoiselle ! Cela se voit à vos yeux brillants, au rose vif qui anime vos joues, à vos lèvres frémissantes : l'ensemble de votre visage est rayonnant de joie. Vous ne pouvez tenir en place !

C'est parce qu'il a fait beau pendant toute la semaine et qu'aujourd'hui, dimanche, sous un ciel radieux, vous allez pouvoir passer à la campagne l'après-midi de cette belle journée de printemps. Tout est vert, l'air est pur, parfumé. Vous avez mis une toilette légère, un chapeau coquet, et vous constatez que votre ombrelle ouverte vous fera une gracieuse auréole. Que de plaisir vous vous promettez !

— Dieu ! que je suis contente !

N'est-ce pas que le printemps est un bien, que le soleil est un bien, que la verdure est un bien, que votre jeunesse avide de grand air est un bien, et que la plénitude de vie que vous donne la possession, la jouissance de l'ensemble de ces biens, — tout cela, c'est du bonheur ?

Oui, c'est vrai ! Celà fait partie du bonheur, ce sont des éléments du bonheur, cela donne du bonheur, — mais ce n'est pas le bonheur !

Voyez le changement qui vient de se produire dans toute la nature, au moment où vous vous prépariez à sortir pour aller prendre possession du bonheur. Le vent fait palpiter les feuilles des marronniers fleuris, et soulève sur l'avenue de petits tourbillons fugaces de poussière, mélangés de pétales blancs tombés des arbres. L'atmosphère n'est plus aussi transparente, et si vous vous penchez à la fenêtre, vous verrez là-bas, vers l'ouest, un gros nuage noir qui envahit rapidement tout le ciel. Déjà, tout au bout de l'avenue, vous pouvez apercevoir une dame qui ouvre son parapluie.

C'est l'orage qui emporte votre bonheur !

Fermez votre ombrelle, quittez votre chapeau et changez de robe, car vous n'irez pas passer cette après-midi de dimanche à la campagne.

Et puisque cette contrariété, — car ce n'est, au fond, qu'une bien légère contrariété, — vous donne quelques instants de loisir, employons-les, si vous le voulez bien, à examiner ce que vous avez éprouvé depuis huit jours au sujet de cette après-midi de dimanche.

Il a fait beau toute la semaine, et plus ce beau temps persistait, plus vous vous réjouissiez, parce que vous vous disiez, avec une satisfaction croissante :

— Dimanche, j'irai passer une bonne après-midi à la campagne !

Cette satisfaction, c'est déjà un à-compte que vous avez pris sur le plaisir que vous vous promettiez. Aujourd'hui, votre joie a encore augmenté lorsque vous avez vu que la journée s'annonçait comme devant être superbe. Enfin, elle a atteint son maximum lorsque, parée, heureuse de vivre, vous vous êtes écriée avec une effusion qui jaillissait de votre cœur comme une véritable action de grâces :

— Dieu ! Que je suis contente !

Voyez donc ce que cette après-midi de dimanche vous a déjà procuré de satisfaction réelle, de joie vraie, avant même d'avoir commencé !

Qu'est-ce que cela signifie, sinon que *le bonheur éprouvé peut être tout à fait indépendant de l'objet lui-même auquel notre imagination l'attribue ?*

Vous avez été heureuse pendant huit jours de cette promenade à la campagne qui n'a pas eu lieu !

Poussons plus loin nos réflexions.

Supposons, pour un instant, que cet orage n'ait pas surgi, et que votre promenade ait eu lieu.

Croyez-vous qu'elle vous eût procuré une joie plus grande que celle que vous éprouviez au moment où vous avez exprimé avec tant d'expansion votre contentement ?

Peut-être, — mais ce n'est pas tout à fait sûr !

Songez que notre imagination nous présente à l'avance toutes choses en beau, et que, parfois, la réalité ne correspond nullement à ce que nous avions rêvé.

Certes, — sauf incidents que l'on ne peut prévoir mais qui sont dans l'ordre des éventualités possibles, — une partie de campagne est toujours agréable. Elle peut cependant ne pas donner autant de satisfactions que l'on en avait entrevu alors qu'elle était en perspective.

Si bien, qu'au bout du compte, cette partie de campagne peut vous avoir donné plus de plaisir avant de commencer qu'une fois terminée.

Il en est ainsi de beaucoup de choses.

Aussi, est-ce avec un sentiment très fin d'observation qu'un ingénieux moraliste, qui voit ordinairement fort juste, — J. Petit-Senn, — a pu dire :

« Même en jouissant d'un bien, on regrette souvent le temps où on le désirait. »

Qu'est-ce que cela prouve, encore une fois ? *Que nos désirs et nos espérances peuvent nous donner plus de bonheur par eux-mêmes, que par leur réalisation.*

Qui sait si cette promenade ne vous eût pas désillusionnée, et n'eût pas gâté la plénitude de joie que vous éprouviez avant le départ ?

Au contraire, vous êtes restée sous cette bonne impression, ce qui est un bien, de même que toutes vos joies de la semaine et de ce matin, qui sont du vrai bonheur, de bon aloi, dont vous avez joui pleinement. C'est toujours cela d'acquis, et l'orage n'a pu l'emporter.

Cet orage serait-il donc plutôt un bien qu'un mal ? Peut-être, même à votre point de vue ; — assurément, si nous en examinons d'autres.

Car on peut envisager la même question sous de multiples aspects.

Vous, qui habitez la ville, vous ne vous rendez pas compte combien ce beau temps persistant, qui vous réjouit, est fâcheux, par exemple, pour les horticulteurs qui apportent leurs produits au marché.

Leur récolte, c'est leur gagne-pain. Pour vivre, même très modestement, il est indispensable qu'ils puissent cueillir et vendre, *chaque jour*, une quantité déterminée de salades, de navets, de carottes, etc.

Or, tous ces légumes ne peuvent croître, prospérer, mûrir, devenir *vendables*, en un mot, que moyennant une abondante irrigation quotidienne.

Lorsqu'il pleut à intervalles réguliers, tout est pour le mieux. Les horticulteurs peuvent, sans trop de peine, suppléer par des arrosages artificiels à ce que l'irrigation céleste peut avoir d'insuffisant. Mais si le beau temps s'établit et dure plusieurs jours, la terre se dessèche, les réservoirs se tarissent, les cultivateurs peinent fort pour fournir aux plantes une ration d'eau encore insuffisante. Les légumes périclitent, ne poussent plus, se vendent mal, et c'est la gêne qui entre dans le laborieux ménage.

Aussi, lorsqu'après une semaine de beau temps continu, les maraîchers ont vu arriver l'orage de cette après-midi de dimanche, jugez avec quelle joie ils l'ont salué.

Vous savez comment la sagesse des nations traduit ces multiples aspects sous lesquels les hommes, — suivant le point de vue auquel ils se placent, peuvent envisager les mêmes évènements :

« Souvent, ce qui fait le malheur des uns, fait le bonheur des autres. »

Mais alors, qu'est-ce qui est bonheur? Qu'est-ce qui est malheur? Le beau temps ou la pluie ?

Ni l'un, ni l'autre! *Tout dépend des points de vue humains !*

Or, notez que si nos points de vue dépendent, en partie, de nous-mêmes, les objets que nous envisageons n'en dépendent nullement.

Nous pouvons nous réjouir ou nous attrister du beau temps ou de la pluie, mais nous ne pouvons ni produire, ni empêcher, le beau temps ou la pluie.

Cela est vrai d'une foule d'objets dans lesquels de fausses conceptions vous font voir le bonheur, — ou sa contre-partie, le malheur.

J'emprunte, à Lucien Lenglet, [1] ce simple apologue, qui est bien éloquent :

— « Le soleil me gêne, disait une jeune enfant.

— « Eh bien, chère enfant, lui dit sa mère, change un peu de place ou supporte-le, car le soleil ne se dérangera pas pour toi.

[1] L'Homme et sa destinée.

« L'enfant suivit le conseil, et ne fut plus gênée par le soleil.

« Imitons son exemple... Il y a des lois éternelles et invariables qui ne fléchiront jamais au gré de nos désirs. »

Mais ce qu'il dépend de nous de modifier, ce sont justement nos désirs.

§ 2.

Nous avons déjà fait un grand pas dans la connaissance des causes qui ont faussé la conception du bonheur.

En effet, nous avons vu, d'une part, que, parce que certaines choses nous procurent des satisfactions, on les a considérées, à tort, comme des biens en elles-mêmes, alors que ces choses, tout au contraire, sont par elles-mêmes absolument indifférentes, et peuvent nous apporter, suivant les circonstances, le bien ou le mal.

Or, d'autre part, nous avons constaté qu'une foule de ces objets dans lesquels de fausses conceptions nous font voir le bonheur, ne dépendent nullement de nous, et que nous ne pouvons, par conséquent, leur faire produire, au gré de nos désirs, ce que nous considérons comme un bien.

Mais, en revanche, si les choses ne dépendent pas de nous, notre bonheur ne dépend pas non plus exclusivement des choses.

Nous avons vu, en effet, que *le bonheur éprouvé par nous peut être tout à fait indépendant de l'objet lui-même auquel notre imagination l'attribue.*

Bien plus, *dans certaines circonstances, nos désirs et nos espérances peuvent nous donner plus de bonheur par eux-mêmes que par leur réalisation.*

De cette double série de constatations se dégage la conclusion que l'erreur capitale, commise au sujet du bonheur, résulte de la confusion que l'on a établie entre les satisfactions qui dépendent des choses et celles qui en sont indépendantes.

On a donné le nom de *bonheur* à deux objets absolument distincts : les satisfactions qui nous viennent du dehors, — les joies qui sont en nous-mêmes. Puis, — par un phénomène psychologique trop commun et grandement préjudiciable à la vérité, — parce que ces deux objets portaient le même nom, on les a confondus en un seul.

On appelle *bonheur*, indistinctement, tout ce qui procure des sensations ou des sentiments agréables, sans se préoccuper des véritables causes de ces sensations et de ces sentiments. On a cru à une cause unique, ou du moins agissant uniformément, alors que le bonheur s'alimente aux sources les plus variées et d'origines les plus diverses.

Notre sensibilité reçoit avec satisfaction toutes les impressions agréables, d'où qu'elles lui viennent. Elle s'épanouit sous toutes les effluves bienfaisantes que lui envoie la nature entière. Mais si ces joies extérieures viennent à lui manquer, elle n'est pas, ¬ ce fait, absolument sevrée de tout bonheur. Nous portons en nous-mêmes un monde immense qui peut nous dédommager, dans une certaine mesure, des biens que le monde extérieur nous refuse, — ou qui, tout au contraire, au milieu des prospérités matérielles, entretient notre mélancolie.

En résumé, nous pouvons être heureux ou malheureux, indépendamment de tous les objets dans lesquels la plupart des hommes ont placé le bonheur ou le malheur.

Voilà la distinction que bien peu de psychologues ont su faire.

Quelques-uns, cependant, l'ont entrevue.

« Il y a bien des gens, a dit Epictète, qui ne trouvent pas la fin, mais plutôt le changement de leur misère dans les richesses qu'ils ont acquises. »

Sénèque, commentant cette maxime, ajoute :

« Je ne m'en étonne pas; car le défaut ne vient pas des choses, mais des personnes. Il importe peu qu'un malade soit couché dans un lit d'or ou de bois, car sa maladie le suivra partout. De même, il est indifférent qu'un esprit maussade soit parmi les richesses ou dans la pauvreté, puisque son mal demeurera toujours attaché à sa personne. »

Le défaut ne vient pas des choses, mais des personnes !... Voilà, chez Sénèque, — et aussi chez Epictète, — une vision nette de l'indépendance qui existe entre les objets extérieurs et le bonheur ou le malheur qu'ils peuvent provoquer.

Epictète, dont la philosophie était essentiellement pratique, avait immédiatement dégagé de ce fait ses conséquences morales, dans cette maxime qui résume à merveille toute la doctrine stoïcienne :

« Souviens-toi de te comporter dans la vie comme dans un festin. On avance un plat vers toi, étends la main, et prends-en modestement ; l'éloigne-t-on, ne le retiens pas. S'il ne vient point de ton côté, ne fais pas connaître au loin ton désir, mais attends patiemment qu'on l'approche. Use de la même modération envers ta femme et tes enfants, envers les honneurs et les richesses. »

Par le fait même que le stoïcisme s'appuie sur une distinction vraie, il renferme une foule de préceptes auxquels il n'y a rien à reprendre.

Sa morale est très élevée. Elle se répandit rapidement dans le monde romain, et les plus éminents historiens sont d'avis qu'elle contribua puissamment à préparer les voies à la morale du Christianisme, avec laquelle elle présente de nombreuses affinités.

Toutefois, ici encore, s'introduisit cette pierre d'achoppement de toutes les philosophies : les idées absolues ! Parce que l'on tenait une part de vérité, on crut que l'on possédait toute la vérité, et l'on appliqua aveuglément le principe du stoïcisme, excellent en lui-même, jusqu'à l'absurde.

Après avoir fait une distinction exacte entre les biens qui ne dépendent pas de nous et les biens qui dépendent de nous, on en arriva à affirmer que le bonheur résidait uniquement dans ces derniers, et que, par conséquent, notre bonheur dépendait tout à fait de nous-mêmes.

Tout le reste : santé, richesse, affections, plaisirs, était indifférent, et l'homme pouvait rester calme et

heureux, privé de tous les biens et accablé de tout ce
que le vulgaire considère comme des maux.

On voit immédiatement où est l'erreur fondamentale
de cette conception particulière du bonheur. Elle ne
tend à rien moins qu'à violenter la nature humaine,
pour arriver à nous persuader que nous ne souffrons
pas, alors que tant de choses torturent irrésistiblement
nos sens ou nos cœurs. Elle nous rendrait tout
simplement aussi ridicules que ce philosophe qui,
affligé de la goutte, s'écriait en frappant du pied :

— Douleur, tu n'es qu'un mot !

Leibnitz est, peut-être, de tous les philosophes,
celui qui, sur la question du bonheur, s'est approché
le plus près de la vérité.

« La vie heureuse ici-bas, dit-il (dans un fragment
qui n'a été retrouvé et publié que vers le milieu du
dix-neuvième siècle), consiste dans une âme tout à fait
contente et tranquille. »

Cette définition, simple, claire, serait acceptable, si
justement le problème du bonheur ne consistait pas à
savoir quels sont les moyens de parvenir à avoir l'âme
« tout à fait contente et tranquille. »

D'après Leibnitz, il faut commencer par s'appliquer
à distinguer les vrais biens des faux biens, puis, une
fois que l'on connaît les vrais biens, s'efforcer de les
atteindre malgré l'opposition des passions.

« Enfin, conclut ce philosophe, ayant fait notre
possible pour connaître les vrais biens et pour y
parvenir, — *il faut être content, quoi qu'il arrive*, et

il faut être persuadé que tout ce qui est hors de notre
pouvoir, c'est-à-dire tout ce que nous n'avons pas pu
obtenir après avoir fait notre devoir, n'est pas du
nombre des vrais biens. Par conséquent, il faut, en un
mot, avoir toujours l'esprit en repos sans se plaindre
d'aucune chose. »

Nous voyons reparaître ici la prétention la plus outrée
du stoïcisme, prétention fausse parce qu'elle est
trop absolue !

Cette thèse, qu'ont soutenue tant de philosophes, est
profondément erronée.

Il y a, ici-bas, une multitude de vrais biens que
nous ne pouvons obtenir ou qui nous échappent,
quoique nous ayons fait, pour les posséder, tout ce qui
dépendait de nous-mêmes.

Soutenir que, pour goûter la vie heureuse, il faut
renoncer à considérer la santé, l'aisance, la liberté,
la patrie, la famille, les amis, pour de vrais biens,
*parce qu'ils ne sont pas absolument dépendants
de nous*, c'est, en réalité, se payer de mots, et
dépouiller arbitrairement la vie de tous ses charmes
légitimes.

Il est visible que le néo-stoïcisme de Leibnitz se
rattache, par des liens étroits, à sa théorie de l'*optimisme*.
Le principe de cette théorie c'est que tous les maux qui
existent dans l'univers sont les conditions du bien qui
y règne, et que, tout pesé, ce monde, tel qu'il existe,
est le meilleur des mondes possibles. Il en résulte,
d'après Leibnitz, que nous devons sans peine faire le

sacrifice de nos souffrances personnelles pour le bien
de l'ensemble, — de même que le soldat, pour l'honneur
de son drapeau, supporte vaillamment ses blessures, en
considérant qu'elles sont la condition de la marche
glorieuse du régiment. Au lieu de se désespérer, comme
il le ferait peut-être s'il ne pensait qu'à lui, il pense au
corps magnifique dont il fait partie, et, jouissant de ses
succès, il reste, au milieu de ses souffrances, non pas
absolument tranquille et content, *mais aussi tranquille
et content qu'il est possible.*

Certes, voilà une morale raffinée. Mais peut-être
est-elle justement trop raffinée pour le commun des
mortels, qui ne sont guère disposés à trouver, comme
Leibnitz, que *tout est pour le mieux dans le meilleur
des mondes possibles.*

En résumé, nous venons de voir qu'un grand nombre
de fausses conceptions du bonheur se rattachent à trois
erreurs fondamentales :

1° Confusion entre les éléments de bonheur qui nous
viennent des choses extérieures et ceux qui ne dépendent
que de nous-mêmes.

2° Opinion qui place le bonheur exclusivement dans
les biens extérieurs.

3° Opinion qui place exclusivement le bonheur dans
les biens qui ne dépendent que de nous-mêmes.

Mais il est une quatrième cause d'erreur qui, plus
encore que les précédentes, a contribué à fourvoyer les
penseurs qui se sont attachés à élucider la psychologie

du bonheur : c'est l'aberration par laquelle ils ont
cherché à rendre concrète, dans la vie de ce monde, la
conception abstraite d'un bonheur idéal, d'un bonheur
absolu !

C'est cette question capitale, véritable clef du problème
du bonheur, que nous allons examiner.

CHAPITRE II

Le Bonheur absolu
et le Bonheur relatif

§ 1er

Aux yeux du philosophe, qui, vivant dans l'idéal, veut pousser toute chose à ses extrémités logiques, il n'y a de vrai bonheur que le bonheur parfait, le bonheur absolu.

Or, la conception de ce bonheur idéal est des plus simples, puisqu'elle ne dépend que de notre imagination : *c'est une plénitude de satisfaction, d'une durée assurée, qui ne laisse place à aucun désir, à aucune crainte.*

Que l'homme aspire, de toutes les puissances de son âme, à ce bonheur parfait, c'est indéniable ! Ce qui est illusoire, c'est de croire qu'il lui soit possible de le réaliser ici-bas.

Les philosophes qui ont tenté de résoudre ce problème du bonheur terrestre absolu, se sont heurtés à un obstacle inévitable qui résulte des contingences humaines : l'imperfection et la fragilité de toutes les félicités, de tous les plaisirs de ce monde.

Alors, comme la logique des choses ne permet pas d'admettre que ce désir inextinguible de bonheur, ancré au cœur de l'homme, soit sans objet, ils ont été amenés, par la religion naturelle, avec autant de force que par la religion révélée, à reconnaître que cette vie n'est pas et ne peut pas être le véritable but, le but final de l'existence humaine, puisqu'elle n'assouvit pas pleinement la soif de bonheur qui fait partie intégrante de notre nature.

Voilà pourquoi, toujours, en tous lieux, l'humanité entière a cru à une autre vie, où, moyennant certaines conditions, elle trouverait ce bonheur parfait qu'elle ne peut réaliser ici-bas.

Dans ces conditions, la vie de ce monde apparaît comme un simple passage, comme une épreuve, et il est tout naturel qu'il ne dépende pas de nous de la rendre parfaitement heureuse, puisque ce serait justement lui enlever son caractère essentiel de préparation méritoire à une vie meilleure. Cette conception est celle des sauvages, comme celle des philosophes, aussi bien que celle de tous les hommes éclairés par la révélation.

Dès lors, le problème du bonheur change de face et comporte deux solutions : l'une pour le bonheur relatif réalisable en cette vie, — l'autre pour le bonheur parfait qui nous attend au-delà de la vie, *si nous l'avons mérité.*

Cette notion du *mérite nécessaire pour l'obtention du bonheur absolu* explique les épreuves de la vie présente. Les peines auxquelles nous sommes sujets et qui constituent des désavantages très réels si nous ne considérons que l'intérêt de notre état présent, — deviennent, au contraire, des avantages non moins réels si nous nous plaçons au point de vue de l'intérêt de notre état futur. Les maux de tout genre qui nous blessent dans nos affections les plus légitimes, et contre lesquels, dans notre aveuglement, nous nous sentons portés à nous révolter, sont, très certainement, dans notre situation, le meilleur régime qui puisse nous être imposé, — pourvu toutefois que nous les acceptions avec résignation et que nous en tirions parti. Car les afflictions nous mettent en mesure, mieux qu'aucun autre genre de vie, de nous redresser, de nous fortifier, de *mériter.*

Par la conception de l'*au-delà*, dans quelque circonstance que nous place la destinée, nous sommes excités à accomplir notre devoir le mieux possible, et même à nous réjouir d'autant plus que nous trouverons ce devoir plus difficile à remplir, — car, plus il est difficile, plus nous avons de mérite et plus nous préparons efficacement notre perfectionnement moral, gage de notre bonheur futur.

Ces considérations sont en parfait accord avec la formule du patriarche Job, si digne d'admiration, mais si difficile à suivre :

— Dieu me l'a donné!... Dieu me l'a ôté!... Que son saint nom soit béni !...

C'est une sorte de stoïcisme religieux, accessible à tous dans une certaine mesure, mais dans lequel les âmes d'élite seulement parviennent à ce degré de perfection qui fait les saints.

Les uns, pour s'y conformer, cherchent à éteindre en eux toute volonté propre, considèrent la vie comme un rêve, ses accidents comme des ombres. Ils se prosternent, s'oublient : c'est le *renoncement à soi-même*.

D'autres cherchent à se pénétrer de l'amour de Dieu au point de se complaire absolument à tout ce qui lui convient. Sans se soucier de ce qui peut les toucher hors de lui, acquiesçant même de bon cœur à tout évènement qu'il ordonne, ils ne veulent, en toutes choses, dans ce monde, d'autre plaisir que son plaisir : c'est le degré suprême de la piété.

Dans la vie commune, cette conformité à la volonté de Dieu, c'est l'acceptation, avec une âme égale, des satisfactions et des douleurs que nous apportent les évènements ordinaires de l'existence. Même si nous ne discernons pas nettement la cause et le but des afflictions qui nous assaillent, soyons persuadés qu'elles font partie de l'ordre éternel des choses, tel que l'a voulu le Créateur.

Il ne nous est pas interdit de chercher, par tous les moyens légitimes qui sont en notre pouvoir, à nous procurer les biens de ce monde et à écarter les maux qui nous menacent. Il ne nous est pas demandé de

nous réjouir de nos souffrances. Nous pouvons même
exprimer l'angoisse que nous causent nos douleurs et
en réclamer la fin ou le soulagement. Ainsi, la plupart
des psaumes de David exhalent la plainte d'une âme
souffrante qui, du fond de l'abîme de détresse où elle
est plongée, supplie le Seigneur d'exaucer sa voix.
Mais ces mêmes psaumes expriment l'inébranlable
confiance de celui qui supplie, en la justice et en la
bonté de Dieu, et son absolue résignation à ce que,
dans sa sagesse, le Maître de toutes choses a décidé.

Tel est l'état d'âme qui, au milieu des contrariétés
de toute nature qu'apporte l'existence, et même au sein
de la plus cruelle adversité, conserve à l'homme
clairvoyant, imbu de la conception nette de l'*au-delà*,
sinon la joie sereine incompatible avec le malheur, du
moins le calme de conscience et la confiance qui
résultent invinciblement de la subordination du bonheur
relatif d'ici-bas, au bonheur *parfait, absolu*, de l'autre
vie.

Nous voici donc en possession d'une distinction
essentielle entre le *bonheur absolu* qui sera, dans
l'autre vie, la récompense de ceux qui, en ce bas
monde, auront su le mériter, — et le *bonheur relatif*,
seul accessible dans la vie présente.

La plupart des fausses conceptions du bonheur
proviennent de l'oubli de cette distinction. Même les
psychologues les plus clairvoyants, bien convaincus que
le bonheur terrestre ne peut être que *relatif*, perdent
souvent de vue cette *relativité*, et raisonnent alors tout
comme s'ils parlaient du bonheur absolu.

De là bien des contradictions, bien des erreurs, bien des conclusions qui pèchent par la base, — et de là, en somme, l'insuccès général des auteurs à résoudre d'une manière satisfaisante le problème du bonheur, parce qu'ils veulent en résoudre deux au lieu d'un, en les confondant en un seul.

Il y a le problème du *bonheur absolu :* seule la religion en donne la clef, et on ne le possèdera que dans l'autre vie.

Il y a le problème du *bonheur relatif,* le seul qui soit accessible en ce monde : c'est celui qui fait l'objet principal de la présente étude.

Pour l'élucider, il faut nous garder avec soin de nous laisser détourner de notre sujet par la conception d'un bonheur absolu, comme l'ont fait tant de psychologues.

Sachant que le bonheur absolu n'est pas de ce monde, nous prévenons le lecteur que nous l'éliminerons complétement de nos raisonnements, et que nous ne le laisserons s'y introduire sous aucune forme.

Pour cela nous ne perdrons jamais de vue les réalités de l'existence.

Cela posé, examinons, à l'aide des faits, quelle conception nous devons nous faire de ce qu'est, non pas dans l'imagination, mais dans la vie réelle, le *bonheur relatif.*

§ 2.

Le bonheur accessible ici-bas à l'humanité pensante et agissante est forcément *relatif,* puisque, dans ce monde, *tout est relatif.*

Il suffit, pour s'en convaincre, de voir quelles idées différentes professent les hommes au sujet des félicités ordinaires, — et de quelle façon ils se forment ces idées.

La plupart ne jugent pas de leur propre félicité d'après les satisfactions qu'elle leur procure par elle-même et directement, mais par comparaison avec celle des autres.

— Tel homme me paraît plus heureux que moi, donc je suis malheureux.

Ce point de vue et ce raisonnement sont d'une fausseté flagrante.

« Quand nous mettons le bonheur dans les choses qui nous manquent, dit J. Petit-Senn, d'autres le voient dans une seule de celles que nous possédons. »

Rien n'est plus vrai, et rien ne démontre mieux combien le bonheur est relatif.

On dit souvent aux humbles, pour les convaincre que leur sort n'est pas plus triste que celui des personnages qui brillent sur la terre :

— Les millions, le génie, la renommée, le pouvoir, sont, le plus ordinairement, accompagnés d'ennuis, de troubles, de malheurs, dont votre modeste existence est exempte.

Il y a beaucoup de vrai dans cette réflexion. On aurait grand tort de la considérer comme une simple banalité. Elle mérite, au contraire, qu'on la médite, et qu'on en retire l'enseignement qu'elle comporte, savoir : que le bonheur est tout aussi *relatif* en haut de l'échelle sociale qu'aux échelons les plus inférieurs.

Néanmoins, je n'aime pas ces sortes d'arguments, parce que, ici encore, on fait appel à la *comparaison* des destinées.

Or, comparaison n'est pas raison !

Le seul point de vue raisonnable est celui qui nous fait envisager, non pas la condition des autres, mais notre propre condition. Faisons consciencieusement l'inventaire de nos biens et de nos maux, — et gardons-nous de compter à notre passif des biens *dont nous pouvons parfaitement nous passer*, et que nous nous surprenons à envier, uniquement parce que nous nous préoccupons trop, de ce que font, de ce que possèdent, de ce que peuvent *les autres !*

Voilà pourquoi nous considérons comme la suprême sagesse ce conseil de Condorcet, qui ne fut pas toujours aussi bien inspiré :

« Jouis de ta vie, sans la comparer à celle d'autrui. »

Toutefois, comme nous devons nous garder, avec le plus grand soin, de toute affirmation *absolue*, examinons s'il n'y a pas une contre-partie à ce conseil : *ne pas s'occuper d'autrui !*

Si, vraiment ! Car, ce qui est nuisible, ce n'est pas de se préoccuper des biens dont jouit le prochain, c'est de *comparer* son sort au nôtre.

Or, il y a deux manières de comprendre *l'absence de comparaison :* ou ne pas songer au prochain, — ou ne pas songer à nous-mêmes.

Ah ! si nous voulons et si nous pouvons faire abnégation de nous-mêmes, il importe peu que nous nous occupions de ceux qui nous entourent, parce qu'alors, au lieu de les envier, nous nous apercevrons qu'il y a beaucoup à faire pour les aider et les consoler, à quelque monde qu'ils appartiennent.

Et voulez-vous que je vous dise un secret? Je suis intimement convaincu que la plupart des gens heureux que je connais possèdent cette félicité surtout parce qu'ils se préoccupent beaucoup moins de leur propre bonheur que de celui des autres.

Je dirai, plus loin, d'où vient cette joie que donne le bonheur que l'on procure aux autres.

§ 3.

Ce qui résulte, avec le plus d'évidence, des constatations que nous venons de faire, c'est que le bonheur relatif auquel nous pouvons légitimement prétendre en ce monde, dépend beaucoup moins de la situation sociale que nous occupons, que de la manière dont nous envisageons cette situation.

En conséquence, il est moins avantageux, pour notre bonheur, de chercher à conquérir une position désirée, que de nous contenter de celle que nous avons.

Aucune des situations de ce monde ne peut procurer le bonheur absolu.

Tout homme, quoi qu'il fasse, est, comme le chantait lŏrd Byron,

.... A pendulum betwixt a smile and tear.
Un pendule oscillant d'une larme au sourire.

(*Child-Harold*, Vᵉ chant, 109ᵉ stance)

Il est même remarquable que l'amplitude des oscillations de ce pendule dépend beaucoup de la modération ou de l'excès de nos désirs.

Il serait facile d'établir que nos chagrins sont proportionnés à nos illusions, et que nous souffrons d'autant plus que nous attachons plus de prix à des biens qui, par eux-mêmes, ne méritent pas tant de recherche.

On pourrait exprimer, d'une manière grossière mais très parlante, les sursauts de notre âme entre ses joies ou ses désillusions, par le schéma que voici :

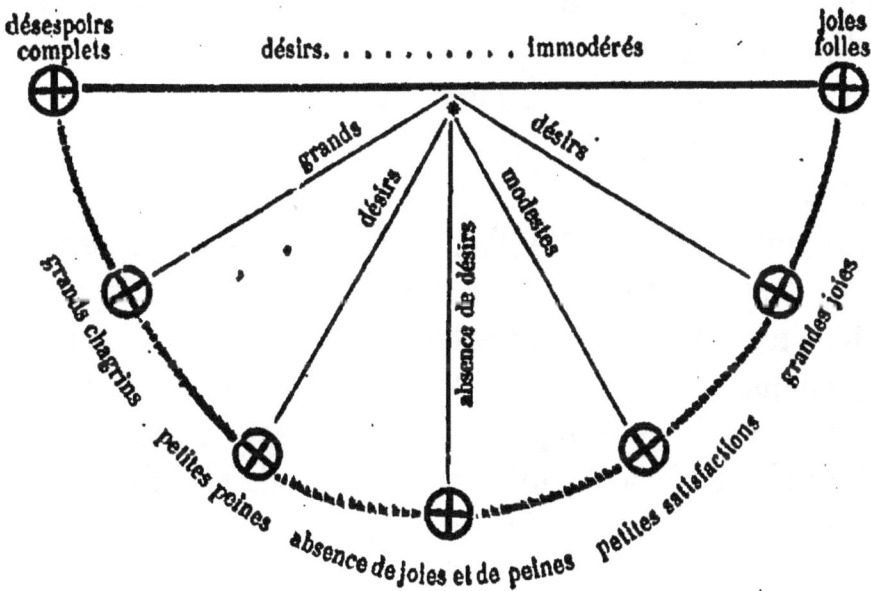

C'est une sorte de « pendule psychologique » mesurant assez exactement les nuances du bonheur de tout homme, à travers les degrés intermédiaires, entre la paix complète que donne le renoncement à soi-même, et les passions sans frein qui aboutissent au désespoir.

La notion qui se dégage de ces considérations, c'est qu'en réalité, dans la vie ordinaire, il s'établit une sorte de balance entre les joies et les peines.

Mistress Harriet Beecher Stowe, le judicieux auteur de la *Case de l'Oncle Tom*, a écrit ceci :

« La harpe des sentiments humains est ainsi tendue que, si un choc n'en brise pas à la fois toutes les cordes, il leur reste toujours quelques harmonies. Si nous jetons les yeux en arrière, vers les époques de nos épreuves et de nos malheurs, nous voyons que chaque heure, en passant, nous apporte ses douceurs et ses allègements, et que si nous n'avons pas été complètement heureux, nous n'avons pas non plus été complètement malheureux. »

C'est même sur cette constatation que s'était fondée toute une théorie du bonheur : le *système des compensations*.

Le seul tort de cette théorie était, comme toujours, d'être *trop absolue*, et de prétendre que les compensations heureuses sont *nécessairement* égales aux maux.

Ce point de vue est faux ! Il n'y a rien de nécessaire, de régulier, de rythmique, dans la succession des biens et des maux. Nous avons eu le soin de signaler que notre *pendule psychologique* n'est qu'une image grossière et lointaine de la réalité.

En premier lieu, il importe de remarquer qu'une exacte compensation des biens et des maux, sans nous donner le bonheur parfait, nous priverait du mérite sur lequel nous fondons justement l'espoir du bonheur futur.

Mais, à côté de ce point de vue, emprunté à la conception que nous nous faisons de la vie future, — il est d'observation quotidienne que, dans le cercle de la vie pratique, les compensations à nos maux sont souvent insuffisantes, et que seules les âmes sérieuses sont aptes à les rencontrer dans le cercle de la vie morale la plus élevée.

§ 4.

Le vieux Gaspard de Saulx-Tavannes écrivait :

« Les hommes ne prisent ce qu'ils possèdent ; la santé, la liberté n'est estimée lorsqu'on en jouit ; — et, quand elle est perdue, l'on connaît son prix et sa valeur, pour lesquels on donnerait tous les biens que l'on possède. »

Rien n'est plus vrai. Cela résulte du même travers qui nous porte à considérer les biens que possède le prochain plutôt que ceux dont nous avons la jouissance.

Au lieu de profiter de ce que nous avons, nous portons de préférence nos désirs sur les biens qui sont hors de notre portée.

Puis, par une étrange contradiction, nous nous plaignons que ces biens, que nous avions à notre disposition et que nous avons négligés, soient trop fugitifs.

D'où cette parole si juste du poète allemand Ruckert :

« La jeunesse, l'enthousiasme, la tendresse, ressemblent à trois jours de printemps. Au lieu de te plaindre, ô mon cœur, de leur courte durée, tâche d'en jouir. »

Non! ce n'est que lorsque ces biens ont disparu que nous nous apercevons de leur réelle valeur. Et alors nous ne sommes pas plus sages que lorsque nous les avons négligés. Nous nous attardons en lamentations inutiles sur ces biens perdus, au lieu de profiter de ceux que nous possédons en ce moment, et de nous préparer à jouir de ceux que l'avenir nous réserve encore.

C'est pourquoi Bentham conseille :

« Il vaut mieux, pour l'imagination, placer le bonheur en avant, et nous donner des espérances qui nous animent que des regrets qui nous découragent. »

Mais combien peu de personnes suivent ce judicieux conseil. La plupart envisagent l'avenir, non pas pour prévoir les biens qu'il peut apporter, mais, tout au contraire, pour s'affliger, le plus souvent, des maux imaginaires dont il peut être plein.

Saint Evremond s'élève avec force contre ce travers :

« On est bien misérable, dit-il, d'aller chercher le chagrin jusque dans l'avenir ; c'est un abîme si profond que sa seule vue est capable d'épouvanter. Jouir du bien présent est un secret très rare. »

Que la vie soit hérissée de difficultés, c'est ce que personne ne songe à nier. Le secret du bonheur ne consiste ni à méconnaître ces difficultés, ni à les éluder (puisqu'il n'est pas toujours possible d'y échapper), mais à les aborder avec calme et précaution, comme des obstacles nécessaires dont il est possible de venir à bout à force de patience, de travail et de persévérance.

« Lorsque vous avez besoin d'une aiguille, a dit un penseur, vous en approchez les doigts délicatement, avec une sage lenteur. Usez de la même précaution avec les ennuis inévitables de la vie : faites attention ; gardez-vous d'une précipitation imprudente ; ne les prenez pas par la pointe ! »

Zimmermann raconte ceci :

« Mon barbier, à Hanovre, se préparant un jour à me raser, dit en poussant un gros soupir :

— « Il fait terriblement chaud aujourd'hui !

— « Vous mettez le ciel dans un grand embarras, lui répondis-je... Depuis neuf mois, vous me disiez, tous les deux jours : « Il fait terriblement froid aujourd'hui !... » Ne vaudrait-il pas mieux prendre le temps comme il vient, et recevoir de la main de Dieu les jours chauds avec autant de reconnaissance que les jours froids ? »

D'autant plus, aurait pu ajouter Zimmermann, que nos récriminations n'auront aucun effet sur le cours des choses, et qu'elles ont plutôt pour résultat de nous aigrir que de nous consoler.

Quelles sont les conclusions qui se dégagent de l'ensemble de ces réflexions ?

C'est, en premier lieu, qu'un bonheur relatif est possible ici-bas, mais qu'il faut bien se garder de compter, quoi qu'on fasse, sur un bonheur parfait.

Ce bonheur relatif pourra être plus ou moins complet, suivant les circonstances, car s'il dépend en partie de nous-mêmes, il dépend aussi, dans une plus

ou moins large mesure, de l'ensemble des conditions de
otre vie.

Le plus grand obstacle à notre bonheur relatif, c'est
de croire que celui-ci dépend de telle ou telle situation
sociale, alors qu'au contraire, il est réalisable dans
n'importe quelle condition.

Les principaux travers d'esprit nuisibles à notre
bonheur sont :

1° De *comparer* notre sort avec celui des autres, et
de nous figurer que les autres sont plus heureux que
nous.

2° De chercher le bonheur, non pas dans les biens
qui sont actuellement en notre pouvoir, mais dans ceux
que possèdent *les autres*, — que nous possédâmes *jadis*,
ou que nous posséderons *plus tard*. — *Nous ne savons
pas jouir du présent !*

3° De nous torturer l'esprit par la crainte de maux
futurs, encore imaginaires, et qui, peut-être, ne se
produiront jamais.

4° De nous révolter contre les difficultés de la vie
(comme si cette vie pouvait en être exempte), — de les
considérer comme des maux, au lieu de les envisager
tout simplement comme des obstacles à surmonter ; —
enfin, de nous lamenter hors de propos, à l'occasion
d'une foule d'évènements inévitables, que nos lamentations ne peuvent conjurer, et qu'il vaudrait mieux
accepter paisiblement en conservant la joie du cœur.

Est-il possible de réagir contre toutes ces tendances,
si préjudiciables au contentement légitime que nous
pourrions goûter sur la terre ?

Oui, puisque nous avons l'exemple d'un nombre considérable de nos semblables qui possèdent ce contentement.

Ce ne sont pourtant pas des êtres exceptionnels.

Comme l'a fort bien exprimé Thucydide, « il n'y a pas grande différence entre un homme et un homme : la supériorité dépend de la manière dont on met à profit les leçons de la vie ».

Quel est celui qui se proclamera totalement incapable de profiter de ces leçons ?

CHAPITRE III

Le Bonheur est un état d'âme

§ 1er

Jusqu'à présent, nous avons surtout procédé par voie d'élimination, c'est-à-dire que nous avons cherché à écarter les fausses conceptions du bonheur, de façon à dégager plus facilement, en pleine lumière, l'idée exacte que nous devons nous faire de la *félicité*.

Nous nous sommes convaincus que le bonheur ne réside pas exclusivement dans les biens extérieurs. Ceux-ci peuvent être, occasionnellement, des causes de bonheur, mais ils ne le sont pas essentiellement et par eux-mêmes, et, dans tous les cas, ils ne dépendent pas exclusivement de nous.

Le bonheur ne dépend pas non plus exclusivement de nous seuls. Nous pouvons travailler puissamment à notre propre félicité, mais nous ne sommes nullement

assurés que nos efforts suffiront à nous la procurer.
Certes, notre volonté peut exercer une action considérable sur tous les éléments de bonheur qui sont sous sa
dépendance, mais il en est qui échappent totalement à
son influence.

Par suite, le bonheur absolu est irréalisable ici-bas.

Le bonheur relatif lui-même, dont il faut bien nous
contenter, est difficilement accessible, parce que nous
le plaçons presque toujours où il n'est pas, c'est-à-dire,
la plupart du temps, dans les biens qui ne sont
justement pas à notre portée au moment où nous les
désirons.

Mais, si l'homme est aveuglé par toutes ces fausses
conceptions du bonheur, — s'il cherche constamment
une félicité relative (la seule à laquelle il puisse
prétendre ici-bas) où celle-ci n'est pas, — c'est parce
qu'il ne sait pas où elle est et en quoi elle consiste.

Est-il même possible de savoir ce qu'est réellement le
bonheur relatif et comment on peut se le procurer ?

Reprenons notre définition du *bonheur absolu : c'est
une plénitude de satisfaction, d'une durée assurée, qui
ne laisse place à aucun désir, à aucune crainte.*

En quoi le bonheur *relatif* diffère-t-il du bonheur
absolu ?

Il lui manque la *plénitude,* — il lui manque
l'assurance de la durée, — et, par conséquent,
il est compatible avec l'existence de désirs et de craintes.

Mais le bonheur relatif n'en reste pas moins,
essentiellement, une *satisfaction intérieure,* c'est-à-dire
un état-d'âme, et les objets dans lesquels nous plaçons

le bonheur sont uniquement des causes occasionnelles de cette satisfaction, de cet état d'âme.

Ici encore, on a confondu la cause avec l'effet qu'elle produit, et il en résulte toute une série d'erreurs graves, d'autant plus nuisibles, qu'elles se rapportent justement au problème le plus important de la vie pratique : celui du bonheur.

Nous définirons donc ainsi le bonheur relatif : *C'est un état d'âme, un contentement intérieur, essentiellement variable et fragile, en raison des vicissitudes de l'existence, qui a sa source dans deux ordres de satisfactions : celles qui dépendent de nous-mêmes, — celles qui nous viennent des biens extérieurs.*

Les caractères distinctifs du bonheur absolu et du bonheur relatif sont donc maintenant parfaitement visibles.

Le bonheur absolu est caractérisé par la *plénitude ;* — le bonheur relatif par la *variabilité.*

Le bonheur absolu est *durable ;* — le bonheur relatif est *fragile, transitoire.*

Le bonheur absolu exclut tout *désir,* toute *crainte ;*

Le bonheur relatif, incomplet, exposé aux vicissitudes de l'existence, reste toujours plus ou moins accompagné de craintes et de désirs.

Moins désirable que le bonheur absolu, — le bonheur relatif est néanmoins enviable en lui-même, parce que, malgré ses imperfections, il constitue encore l'*état d'âme* le plus agréable que nous puissions réaliser ici-bas.

Aussi, le bonheur relatif fait-il, d'une manière le plus souvent inconsciente, l'objet des désirs de l'humanité entière, qui se rue, à sa poursuite, parfois même en négligeant, en sacrifiant, pour ce bien transitoire, le bonheur absolu de l'autre vie.

Cette recherche aveugle, si préjudiciable à l'humanité, provient de toutes les erreurs, de toutes les confusions regrettables que nous avons signalées jusqu'ici.

Les hommes s'acharnent à se procurer le bonheur relatif avec plus d'ardeur qu'ils n'en mettent à atteindre le bonheur absolu, tout simplement parce qu'ils se trompent, parce qu'ils se figurent que le premier est le *vrai bonheur*.

Ils le recherchent surtout dans les biens extérieurs, parce qu'ils ne se rendent pas suffisamment compte que le bonheur est un simple état d'âme, une satisfaction intérieure, que nous pouvons trouver ailleurs, et même plus sûrement, que dans ces biens.

Ce sont ces erreurs qu'il faut s'efforcer de détruire, ces nuages accumulés par la routine séculaire des générations successives qu'il importe de dissiper.

Nous avons déjà mis en lumière un grand nombre de ces erreurs dans les pages qui précèdent. Nous allons en relever quelques autres, ce qui nous permettra de pénétrer encore plus avant dans la connaissance de la véritable nature du bonheur relatif.

§ 2.

Nous venons de dire que le contentement intérieur, qui constitue essentiellement le bonheur relatif, a sa source dans deux ordres de satisfactions : celles qui dépendent de nous-mêmes, — celles qui nous viennent des biens extérieurs.

Naturellement, il nous est plus facile de nous procurer les satisfactions qui dépendent de nous-mêmes, que celles provenant des biens extérieurs, puisque ceux-ci peuvent nous échapper plus ou moins complètement.

C'est ce qui fait qu'Épictète conseillait de s'attacher de préférence aux biens qui dépendent de nous, et de profiter des autres quand l'occasion s'en présente, sans nous attrister outre mesure s'ils viennent à nous manquer.

Nous avons vu que d'autres stoïciens, outrant cette sage règle de conduite, l'avaient poussée à l'extrême et l'avaient transformée en ce principe absolu :

— Tous les biens qui ne dépendent pas de nous ne sont pas de vrais biens.

C'est évidemment là, — nous l'avons amplement établi précédemment, — une exagération et une erreur.

Ce qui fait la force de cette erreur, c'est que, justement elle est fondée sur une vérité, d'observation quotidienne, savoir : que la plus grande partie de nos satisfactions proviennent, bien réellement, de nous-mêmes.

Oui, il est bien vrai qu'une grosse part de notre bonheur se trouve en nous-mêmes, et c'est ce qui justifie, — mais en partie seulement, — tant d'affirmations absolues que l'on a considérées comme des vérités acquises.

« La joie ne vient pas de l'extérieur : sa source est dans le cœur. »

Certes, cela est vrai dans beaucoup de circonstances, — mais cela n'est pas vrai dans toutes. Il y a des joies et des peines dont *la cause* est extérieure et, dans ce cas, on ne peut pas dire, d'une manière absolue, qu'elles jaillissent spontanément du cœur.

En toutes choses, il faut se garder des affirmations absolues, qui comportent, presque toujours, de très grandes probabilités d'erreur.

Il est beaucoup de satisfactions qui sont principalement des joies intimes, et dont presque tous les éléments sont en nous-mêmes. Telles sont celles que nous donnent les différentes sortes d'affections.

Ce n'est pas ici le lieu de prouver qu'il y a plus de bonheur à aimer qu'à être aimé. Il suffit d'indiquer que l'on peut être aimé sans en éprouver la moindre émotion, tandis que l'âme s'épanouit dès qu'elle aime, — même dans une foule de cas où il n'y a pas réciprocité.

Telle est l'affection immense de la mère pour le nouveau-né qui n'a encore conscience de rien au monde, — affection qui persiste, incoercible, en dépit des années, même à l'égard du fils dénaturé qui n'a conservé pour les siens aucune sympathie, aucun respect, et qui est devenu envers eux brutal et criminel.

La psychologie des affections, très complexe, a donné lieu à de multiples études. Stendhal, qui a surtout eu en vue l'amour profane, écrivait :

« L'amour est comme ces auberges espagnoles, où l'on ne trouve que ce qu'on y apporte. »

Ainsi formulée, cette pensée est certainement trop absolue, mais elle renferme un grand fonds de vérité.

Il est incontestable, nous venons de le voir, que l'affection vraie est essentiellement désintéressée, et que, par conséquent, elle peut se suffire à elle-même.

Mais il est faux qu'il faille *toujours* se contenter, en affection, de ce qu'on apporte ; ce serait affirmer qu'aucune affection n'est payée de retour, et que la satisfaction que l'on en éprouve ne peut pas être augmentée de celle que procure une affection réciproque.

La psychologie du bonheur en général est très semblable à la psychologie particulière des affections.

En fait de bonheur, on trouve surtout ce qu'on apporte (les satisfactions qui dépendent de nous) mais on peut trouver aussi les satisfactions que sont susceptibles de procurer les biens extérieurs qui sont à notre portée.

Claude Bernard, — que j'ai eu l'honneur d'avoir pour maître, — formulait volontiers ce précepte, qui possède le grand mérite d'être bref :

« Le bonheur est où on le trouve. »

Dans son esprit, cela signifiait qu'il ne fallait pas se préoccuper outre mesure de chercher le bonheur, attendu que, dans toutes les conditions de la vie, on pouvait le rencontrer sur son chemin. L'essentiel, c'était d'en profiter lorsqu'on avait l'occasion de le trouver, — et de ne pas se troubler, si on ne le trouvait pas.

Cette conception relève, en grande partie, de celle du stoïcisme, mais il s'y ajoutait cette restriction, bien digne de l'éminent homme de science qu'était Claude Bernard :

« Le bonheur est où on le trouve, — mais tout le monde ne le trouve pas dans les mêmes biens, parce que le même bonheur ne convient pas à tout le monde. »

C'est le commentaire philosophique de ce proverbe vulgaire :

« Chacun prend son bonheur (ou son plaisir), où il le trouve », — qui est lui-même la traduction libre de ce passage de Virgile :

... Trahit sua quemque voluptas.

Ceci nous ramène dans le concret, car nous en déduisons cette notion, qu'il importe de ne jamais perdre de vue :

Le bonheur de ce monde n'est pas seulement *relatif* par rapport au bonheur absolu ; — il l'est aussi vis-à-vis des individus.

Chacun de nous, en raison de ses origines, de son éducation, de son milieu, des multiples circonstances qui ont contribué à la formation de sa personnalité, — possède une complexion physique particulière, un idéal distinct, une conception morale qui lui est propre. En conséquence, chacun de nous est accessible à une forme spéciale de bonheur, de contentement intime, qui lui convient individuellement, et qui peut fort bien ne convenir qu'à lui seul.

Voilà pourquoi, lorsque l'on étudie le problème du bonheur, il faut s'abstenir avec soin de toute formule absolue non applicable à l'ensemble des cas particuliers qui peuvent se présenter.

En somme, la formule qui prête le moins à la critique, parce qu'elle est susceptible de toutes les interprétations, c'est celle, en apparence si générale et si vague, de Claude Bernard :

« Le bonheur est où on le trouve ! »

Mais où trouve-t-on le bonheur ?

§ 3.

Le bonheur se trouve partout !

Voilà la grande vérité qui domine le problème du bonheur.

Oui, l'homme peut être heureux partout et toujours, dans toutes les circonstances, quels que soient les évènements de sa vie, — d'un bonheur relatif, bien entendu, puisque c'est le seul accessible en ce bas monde, — mais à la condition qu'il veuille bien se donner la peine de faire, pour le bonheur, ce qu'il fait volontiers pour une foule d'autres de ses besoins, qui sont cependant de moindre importance.

Certes, l'homme a besoin de savoir lire et écrire, de savoir calculer, d'apprendre un métier, — et de bien d'autres choses.

Mais ce qu'il lui importe surtout de savoir, c'est comment il pourra être heureux.

En ce qui concerne le bonheur absolu de l'autre vie, tout concourt à l'instruire de ce qu'il doit connaître, — mais pour ce qui est du bonheur relatif, il est presque complètement abandonné à lui-même, à ses propres inspirations.

Il règne, au sujet du bonheur terrestre, des traditions courantes plus ou moins fondées, plus ou moins erronées, contradictoires suivant les points de vue, et c'est à travers ces incohérences, que l'homme cherche sa voie.

Comment trouvera-t-il la meilleure et comment sera-t-il assuré de l'avoir trouvée, puisqu'il n'existe, à cet égard, aucun corps de doctrine, aucun enseignement, ni officiel, ni familial ?

Le bonheur est partout, mais à peu près de la même manière qu'il y a de l'or partout dans la nature.

Sur certains points, il apparaît, à fleur de terre, en grosses pépites, et il suffit de se baisser pour le ramasser.

Ailleurs, il forme des filons visibles au sein de roches dures, desquelles il faut le dégager par des efforts appropriés.

Ici, il est plus ou moins abondamment mélangé, sous forme de paillettes, à des sables dont de patients lavages peuvent seuls le séparer.

Enfin, sur la plupart des points, il existe, mais rare, en quantités infinitésimales, et ne peut être extrait que par un dur labeur.

Les grands bonheurs sont rares. J'ajouterai que leur multiplicité n'est pas désirable. L'homme ne semble nullement fait pour pouvoir supporter, à jet continu, les fortes émotions, fussent-elles agréables. La preuve, c'est que lorsqu'elles persistent, avec la même intensité, notre sensibilité s'émousse, et nous nous dérobons ainsi, de par notre nature, à la continuité d'un trop grand bonheur.

Les bonheurs modérés, ordinaires, sont fréquents. Ils conviennent mieux à notre nature, qui, somme toute, est un organisme physique et moral bien équilibré, se complaisant de préférence aux émotions moyennes.

Les petites satisfactions sont légion. C'est la monnaie courante du bonheur. Ces petites joies sont de celles que l'on néglige, bien à tort, puisqu'il dépendrait de nous d'en faire la trame de notre vie.

Dans *Le Choix d'une Bibliothèque* [1], Joël de Lyris dit incidemment :

« Un intérieur qui plaît aux yeux, qui les réjouit, exerce sur ceux qui y vivent une attraction irrésistible.

« C'est pourquoi, nous insisterons sur l'utilité qu'il y a à développer, chez la jeune fille, le sentiment de l'esthétique, au point de vue de la décoration du foyer domestique.

« Qu'elle s'habitue à faire de l'art chez soi, pour soi et les siens.

« Non pas du grand art, certes ! Mais cet art ingénieux qui sait donner aux mille riens de la vie privée, meubles, tentures, vases, lampes, etc., etc., un cachet de bon goût, d'harmonie, de grâce, qui attire et amuse le regard.

1 Joël de Lyris, *Le Choix d'une Bibliothèque*, pp. 60-61 (Bibliothèque Aubanel Frères).

« Essayez ! Pendant le déjeuner, mettez bien en vue, sous un rayon de soleil, une belle rose dans un cornet de cristal.

« Cent fois les yeux s'y reporteront, sans lassitude et toujours récréés par ces trois belles choses réunies qui se font valoir mutuellement : le rayon doré, la pourpre de la fleur, l'éclat du verre.

« C'est un rien ! Ce rien a mis la joie au cœur, éveillé des idées gaies, sereines.

« *Qu'est-ce que le bonheur, sinon la succession de douces satisfactions de ce genre ?* »

Voilà une conception du *bonheur relatif* à laquelle on peut souscrire sans restriction, — car il ne s'agit pas ici de biens extérieurs ou de joies intérieures, mais de *douces satisfactions* qui peuvent provenir aussi bien dés uns que des autres. Or, ces satisfactions abondent.

Combien de petits évènements dans notre vie peuvent se changer pour nous en plaisirs, si nous voulons les considérer comme tels ! Une promenade dans les champs, une petite amélioration dans nos arrangements domestiques, une surprise préparée à quelque membre de notre famille, chaque petit incident agréable qui amène de la variété dans notre existence peut devenir une source de satisfaction. C'est donc un grand bien et l'origine de beaucoup de félicité que de pouvoir conserver jusque dans l'âge mûr un caractère d'enfant, facile à réjouir et à contenter.

Ceux qui sont constamment à la recherche de jouissances inédites et raffinées, trouvent certainement peu d'attraits aux joies simples.

Il n'en est pas moins vrai que la nature, par exemple, offre un trésor inépuisable de satisfactions à ceux qui savent la comprendre et l'aimer. Ils n'ont pas besoin de ces vues magnifiques, de ces spectacles grandioses qui font battre le cœur des êtres les plus froids ; quelques arbres touffus, quelques buissons en fleurs, suffisent pour éveiller en eux des émotions aussi profondes qu'agréables.

Nous sommes souvent trop portés à négliger des plaisirs qui s'offrent à nous chaque jour, et à soupirer après d'autres que nous ne pouvons nous procurer. Combien de personnes n'y a-t-il pas, par exemple, qui brûlent du désir de voyager au loin, et qui envient le sort de ceux auxquels leur temps et leurs moyens permettent de visiter les pays étrangers ! Et ce sont ces mêmes personnes qui ne jouissent pas, comme elles le pourraient, de ces petites excursions que l'on peut s'accorder chaque jour. Si elles habitent la ville, elles ne savent pas apprécier, commé elles le devraient, une promenade de quelques heures dans la campagne, ou une journée passée dans un jardin.

C'est folie de mépriser ces plaisirs parce qu'ils sont trop simples ou trop ordinaires, puisque ce n'en sont pas moins des plaisirs, et qu'ils peuvent nous procurer de réelles satisfactions.

Pour un esprit bien fait et bienveillant, il n'y a guère d'incidents dans la vie, ni d'objets extérieurs, qui ne soient susceptibles d'éveiller en nous des réflexions ou des sentiments agréables qui nous donnent un véritable contentement.

Certes, si l'on cherche de petits plaisirs *avec un petit esprit*, on se plaira aux petits cancans des voisins, aux frivolités de la toilette, à mille petites choses qui empoisonnent le cœur et la pensée. Mais ce n'est point ainsi que nous entendons les petits plaisirs. *Petit* ne désigne point ici ce qui est bas, vil, indigne de nous : de tout cela nous devons nous détourner avec soin.

Mais ce qu'il ne faut pas dédaigner, ce sont les joies simples et modestes, petites fleurs qui s'épanouissent au bord de notre sentier et dont nous pouvons jouir d'un cœur content et pur.

Voilà le *bonheur qui est partout*, au moins de temps en temps, — de même que dans tous les pays et sous tous les climats, il y a de beaux jours où la nature entière semble sourire, et où le soleil nous éclaire de ses rayons les plus joyeux.

Les personnes peuvent nous donner autant et même plus de bonheur que les choses, surtout en proportion de celui que nous leur procurerons nous-mêmes.

Nous avons *tous* quelqu'un à aimer, quelqu'un à qui nous pouvons donner du bonheur.

Mais, toujours par suite de cette fatale aberration de l'esprit et du cœur, qui nous fait chercher au loin ce que nous avons tout près de nous, nous savons rarement apprécier à leur valeur réelle les personnes avec lesquelles nous vivons constamment.

Gœthe raconte, dans une charmante poésie, comment un voyageur, errant dans la campagne de Rome, rencontra une chaumière bâtie avec les débris d'un Temple antique. La pauvre femme qui l'habitait ne pouvait comprendre l'enthousiasme de l'étranger pour une demeure aussi modeste et aussi incommode, où elle s'abritait sans se douter ni se soucier que les matériaux en fussent précieux.

N'en est-il pas ainsi de nous tous? Sensibles aux défauts dont nous souffrons, nous sommes indifférents aux qualités dont nous recueillons les profits. Les âmes les plus suaves, les affections les plus constantes, les dévouements les plus sublimes, nous restent souvent inconnus, jusqu'à ce que le premier étranger qui passe nous les révèle. Heureux quand l'absence ou la mort ne viennent pas nous révéler cruellement, en nous en privant brusquement, quelles richesses ignorées nous possédions, et ne nous forcent pas à redire avec des larmes ce vers si profondément triste :

On s'aperçoit, trop tard, qu'on n'aimait pas assez !

(F. PONSARD).

§ 4.

Mais la vie n'est pas uniquement faite de satisfactions, même modestes !

Aussi faut-il bien se garder de nier ou de perdre de vue les maux inévitables qu'elle apporte avec elle.

Au contraire, il est bon d'accoutumer notre esprit et notre cœur à cette idée que nous pouvons avoir des ennuis, des chagrins et même des malheurs.

Si ces épreuves surviennent, n'étant pas inattendues, elles seront moins rudes.

Cela ne veut pas dire qu'il faille se torturer à l'avance de la possibilité d'éventualités malheureuses. Nous avons, au contraire, (Chapitre II, § 4), mis en garde contre ce travers, qui nous empêche de jouir du présent, par suite d'une trop vive préoccupation d'imaginaires contrariétés futures.

Ce qui importe, c'est d'une part, de ne pas se chagriner de maux encore lointains, mais, d'autre part, de ne pas s'en croire exempt; et de ne pas en être surpris et abattu s'ils viennent à se produire. Nous sommes simplement prévenus qu'ils peuvent arriver, et nous n'avons nullement à nous en effrayer. Au contraire, sachant qu'ils sont toujours possibles, nous sommes toujours préparés à les supporter.

D'ailleurs, les grands maux, comme les grands bonheurs, sont rares. D'autre part, dans l'adversité, la sensibilité s'émousse comme dans la joie, et il finit par se produire une accoutumance qui rend le malheur supportable.

Les chagrins ordinaires sont plus fréquents, mais ils sont aussi plus tolérables, surtout si nous avons eu soin de tremper solidement notre âme en vue de ces éventualités presque inévitables.

Les petites contrariétés abondent, mais souvent par notre propre faute. De même que nous négligeons maladroitement les petites joies, dont nous faisons fi; de même nous sommes portés à exagérer les petits malheurs, à nous en faire des monstres.

Au sujet de la moindre bagatelle, nous exhalons de bruyantes lamentations. Nous nous tourmentons nous-mêmes, et, par notre mécontentement perpétuel, nous rendons amère la vie des autres. Nous détruisons toute joie, et nous grossissons le plus petit mal jusqu'à en faire une calamité.

N'est-il pas risible d'entendre dire, avec le plus grand sérieux, qu'on ne peut *malheureusement* pas aller se promener aujourd'hui à cause de la poussière qui couvre la route! Quelquefois, on voit des personnes appréhender avec terreur quelques gouttes de pluie, ou bien redouter le soleil et être à demi-mortes à la pensée de la chaleur qu'il va faire, tandis qu'à d'autres moments elles tremblent et grelottent dans leur chambre bien chauffée, quand on vient à leur parler du froid qu'il fait dehors.

Gardons-nous d'attacher de l'importance aux petites contrariétés que nous ne pouvons éviter. A force d'être ennuyé, on ne tarde pas à devenir ennuyeux soi-même.

Un esprit qui ne se laisse pas attrister par des baga-telles finit par ne plus les apercevoir, tandis que ceux qui semblent prendre plaisir à se préoccuper de ces mille petits ennuis parviennent à en faire des soucis véritables, qui envahissent leur vie et les privent d'une grosse portion du bonheur qu'ils auraient pu goûter sans ce déplorable travers.

En effet, cette susceptibilité exagérée vis-à-vis des petites contrariétés engendre fatalement la *mauvaise humeur habituelle*, qui est tout juste le contraire de ce contentement intime dans lequel gît le vrai bonheur.

Ce qu'il y a de pire, c'est que cette disposition fâcheuse à se trouver offensé à propos de rien s'exerce presque toujours au sein de la famille, c'est-à-dire, à l'égard des personnes que nous aimons ou que nous devrions aimer le mieux. Nous empoisonnons ainsi, par notre faute, la paix et la joie du foyer domestique, qui sont les plus douces satisfactions que nous puissions goûter ici-bas.

Et pourtant, on paraît céder à ce défaut sans trop de honte !

Qui ne connaît le regard froid et impassible qui se détourne toujours au moment où on espère le rencontrer, — ces réponses sèches et courtes qui glacent le cœur, — cette indifférence marquée, décourageante, pour tout ce que l'on dit et tout ce que l'on fait ? Ou bien encore, cette voix tranchante et brève, ce regard sombre, ce parti-pris de ne pas sourire, cet air de martyr, cette expression ironique, cette humilité moqueuse ou cette manière impertinente de ne pas s'adresser directement à la personne à laquelle on parle, défauts qui fatiguent, repoussent les sympathies ? Qui n'a été peiné en voyant ces manifestations de mauvais sentiments chez les autres, tout en s'y livrant soi-même à l'occasion, sous prétexte que l'on a des raisons pour être fâché ?

Étudions-nous donc, au contraire, lorsque nous n'avons pas des motifs très graves de chagrin, à être toujours de bonne humeur. La bonne humeur est comme l'air embaumé du matin, comme un rayon de soleil sans lequel il manque un charme essentiel au plus beau paysage. De grands devoirs et de grands dévouements perdent beaucoup de leur vertu, de leur puissance d'action et de leur utilité, s'ils ne sont pas accomplis dans cet aimable esprit. Quant aux petits devoirs et aux petits dévouements, ils n'ont plus aucune valeur, s'ils ne sont pas éclairés par le joyeux rayon d'une humeur douce et sereine.

Il est essentiel de s'habituer à se contenter facilement et à se réjouir de peu de chose. Il y a des personnes auxquelles il est naturel d'être toujours contentes et satisfaites, et nous nous sentons bien plus heureux auprès d'elles qu'auprès de celles qui, par indifférence ou par mécontentement intérieur, ne se trouvent jamais satisfaites de rien.

Recevons les petits services que l'on nous rend d'une manière gracieuse et aimable; — admirons de bon cœur ce que d'autres voudraient voir apprécié par nous; — faisons, en un mot, pour les autres, ce que nous voudrions leur voir faire pour nous. Proposons-nous pour modèle le contraire d'un esprit exigeant et boudeur qui ne recherche que le mauvais côté de toutes choses, et qui ne saurait jamais en découvrir les faces agréables et souriantes.

La tristesse n'est pas la mauvaise humeur, mais, — même si elle est due à de grands malheurs qui ont ébranlé la sérénité de notre âme, — c'est une disposition (qu'elle soit habituelle ou temporaire) contre laquelle nous devons réagir, parce qu'elle est peu favorable à notre propre bonheur et surtout à celui des personnes qui nous entourent.

Heureux ceux qui s'habituent à considérer toutes choses sous un angle spécial qui leur permet de conserver leur âme à l'abri de la tristesse. Tels furent deux grands penseurs, Montaigne et Descartes, dont il sera instructif de rapporter ici les propres paroles.

« Je suis, dit Montaigne, des plus exempts de la tristesse et ne l'ayme ni ne l'estime, quoy que le monde ait entrepris comme à prix fait de l'honorer de faveur particulière. Ils en habillent là sagesse, la vertu, la conscience; sot et vilain ornement !

« Je suis, de moi-même, non mélancolique, mais songe-creux; il n'est de quoy je me sois dès toujours entretenu que des imaginations de la mort. Je suis pour cette heure en tel estat, Dieu mercy, que je puis déloger quand il lui plaira, sans regret de chose quelconque. Les plus promptes morts sont les plus saines. Nature nous dit : — Sortez de ce monde comme vous y êtes entrés; votre mort est une des pièces de l'ordre de l'univers, c'est une pièce de la vie du monde ! »

Descartes, de son côté, déclare :

« Étant né d'une mère qui mourut, peu de jours après ma naissance, d'un mal de poumon causé par quelques déplaisirs, j'avais hérité d'elle une toux sèche et une couleur pâle que j'ai gardée jusqu'à l'âge de plus de vingt ans, et qui faisait que tous les médecins qui m'ont vu avant ce temps-là me condamnaient à mourir jeune. Mais je crois que l'inclination que j'ai toujours eue à regarder les choses qui se présentaient, du biais qui me les pouvait rendre le plus agréable, et à faire que mon principal contentement ne dépendît que

de moi seul, est cause que cette indisposition, qui
m'était comme naturelle, s'est, peu à peu, entièrement
passée. »

Ces grands hommes sont parvenus à se procurer cet
état d'âme uniquement parce qu'ils s'en sont donné la
peine.

Nous pouvons faire comme eux dès que nous serons
bien résolus à nous atteler à semblable tâche.

Notre imagination nous leurre lorsqu'elle nous repré-
sente les grands hommes comme des êtres exceptionnels,
inimitables.

Souvent, nous laissons vagabonder notre rêve en
songeant à tout ce que nous ferions *si* nous étions
riches, puissants, doués de facultés éminentes ou de
talents extraordinaires, — et nous perdons de vue ce
que nous pourrions faire réellement, chacun dans notre
sphère, si nous nous y appliquions consciencieusement.

Nous voyons tout en beau dans un monde idéal,
inaccessible, et nous n'apercevons pas les trésors que
nous offre la vie réelle, celle qui est à notre portée, sous
notre main.

Rien ne résume mieux et avec plus de vigueur
l'ensemble des satisfactions que peut nous donner ce
monde, que ce beau passage de Fromentin, dans
Dominique :

« Le jour où vous mettrez le pied dans la vie, dans
la vie réelle, entendez-vous bien ?... Le jour où vous la
connaîtrez avec ses lois, ses nécessités, ses rigueurs,
ses devoirs et ses chaînes, ses difficultés et ses peines,
ses vraies douleurs et ses enchantements, vous verrez

comme elle est saine et belle, et forte et féconde, en vertu même de ses exactitudes. Ce jour-là, vous trouverez que le reste est factice, qu'il n'y a pas de fiction plus grande que la réalité, que l'enthousiasme ne s'élève pas plus haut, que l'imagination ne va pas au-delà; — qu'elle comble les cœurs les plus avides, qu'elle a de quoi ravir les plus exigeants... Et ce jour-là, mon cher enfant, si vous n'êtes pas incurablement malade, — malade à en mourir, vous serez guéri ! »

CHAPITRE IV

Les Conditions du Bonheur

§ 1er

Les principales conditions du bonheur *absolu* sont :
1º La plénitude dans la satisfaction ; — 2º Le repos
dans la plénitude ; — 3º La sécurité de ce repos.

Cela veut dire : 1º Que le bonheur n'est absolu qu'à
la condition d'être complet et sans mélange ; —
2º Qu'il assouvit tous les désirs et qu'il ne laisse place
à aucun, si bien que l'âme qui le possède jouit d'un
calme, d'un repos complet ; — 3º Enfin, que ce repos
ne peut être troublé par aucune éventualité, et qu'il ne
donne lieu à aucune crainte d'interruption ou de fin.

Le bonheur *relatif* est d'autant plus parfait qu'il se
rapproche davantage de cet idéal suprême, — idéal
qu'il est, d'ailleurs, tout à fait impossible de réaliser
intégralement ici-bas.

5

La solution du problème du bonheur en ce monde consiste donc à obtenir, — pour parler le langage des mathématiques, — la plus grande *approximation* possible relativement au bonheur idéal.

Seulement, le bonheur absolu et le bonheur relatif ne sont pas, du fait même de leur nature essentielle, entièrement comparables.

Le bonheur absolu forme un tout, — *un bloc*, pour parler le langage à la mode.

Le bonheur relatif, au contraire, est, en quelque sorte, la *résultante* d'une foule d'éléments variés, — l'*intégration* de toutes les satisfactions, grandes ou petites, que peut nous donner la vie.

Dès lors, il est visible que le bonheur terrestre n'est pas un état d'âme que l'on puisse obtenir *en bloc*, mais qu'il faut en jouir *en détail*, dans la mesure où les circonstances de la vie et notre sagesse personnelle le mettent à notre portée.

Il ne sera donc jamais ni complet, ni sans mélange, puisque les vicissitudes de l'existence sont forcément une alternative de biens et de maux.

C'est ce dont nous devons être prévenus, — et ce à quoi nous sommes par conséquent préparés. Nous verrons, sans surprise, nos félicités traversées d'épreuves, puisque nous savons d'avance qu'elles ne sont pas à l'abri de ces sortes de traverses.

Donc, l'une des premières *conditions* du bonheur relatif, c'est la conviction intime, la science certaine, toujours présente à notre attention, que ce bonheur est essentiellement *variable* et *fragile*.

Cette considération est d'une importance de premier ordre pour le bonheur; car, ainsi prévenus, nous ne demanderons à la vie et nous n'attendrons d'elle, que ce qu'elle peut nous donner. Nous ne nous repaîtrons pas de chimères et nous n'aurons pas de désillusions.

Si le résultat que nous obtenons de nos efforts n'est pas celui que nous avions rêvé, nous aurons la sagesse de nous dire :

— Mon imagination m'avait trompé ! Les circonstances actuelles de la vie ne peuvent m'accorder davantage que ce qu'elles me donnent. J'ai été dupe d'une illusion, ou bien j'ai commis une erreur d'évaluation. La faute en est à ma courte vue et non à la nature des choses.

Dans aucun cas, il n'y aura en nous de révolte contre l'inévitable, révolte *inutile* puisqu'elle ne remédie à rien, — révolte *nuisible* puisqu'elle aigrit notre cœur, fausse notre esprit, et nous met ainsi en état d'infériorité.

Ayons, au contraire, la préoccupation de ne jamais nous diminuer, en nous irritant d'une manière enfantine et inefficace, contre les obstacles et les peines que la vie peut dresser sur notre passage.

Restons supérieurs aux évènements, quels qu'ils soient, qui jalonnent notre existence.

Le bonheur de ce monde ne peut nous donner la *plénitude !*... Eh bien ! remplaçons-là par la *sérénité !*

La sérénité est une des dispositions les plus heureuses que l'on puisse souhaiter d'acquérir, et s'étudier à maintenir en soi.

Ah ! si toutes choses étaient abandonnées à elles-mêmes, — si l'homme n'était, sur la scène du monde, qu'un misérable jouet du hasard, — certes, on pourrait grincer des dents et s'abandonner au désespoir, car il n'y aurait à nos maux ni limites, ni remèdes.

Mais le monde où nous vivons obéit à des harmonies providentielles *qui ne se sont jamais trouvées en défaut.*

Nous savons qu'aucun de nous n'est isolé et sans secours, et que, de toutes parts, toujours, l'homme est environné de la souveraine vigilance de Dieu, qui s'étend à tout et à tous.

Si nos peines sont nombreuses, nos satisfactions ne le sont pas moins, et la sagesse consiste à regarder surtout du côté de celles-ci. Il n'y a pas d'effort qui reste inutile. S'il n'obtient pas de résultat *apparent,* soyons persuadés qu'il n'est pas entièrement perdu, car *rien ne se perd,* pas plus dans le monde moral que dans le monde physique.

Il n'y a pas de vie, quelque malheureuse qu'elle nous paraisse, qui n'ait ses joies.

Le bonheur est chose essentiellement *plastique,* et qui s'adapte à toutes les âmes, à tous les besoins, à toutes les situations. Ainsi l'a voulu la Providence, pour qu'aucun être ne fût inexorablement misérable et malheureux. Dans la plus noire détresse, elle allume une lueur d'espérance, — dans le cœur le plus ulcéré, elle fait fleurir une consolation. A défaut de tout autre soulagement, elle émousse la sensibilité, au point que la souffrance, tout en restant la même, se trouve allégée.

C'est pourquoi, si nous voulons être heureux, efforçons-nous d'acquérir, avant tout, la *sérénité.*

§ 2.

La condition du bonheur absolu qui réside dans la *plénitude* est impossible à concilier avec le bonheur relatif. On ne peut qu'y suppléer, dans une certaine mesure, par la *sérénité*.

Les deux autres conditions du bonheur absolu : l'absence de *désirs* et l'absence de *craintes*, ne sont pas faciles à réaliser, mais sont plus ou moins accessibles dans la vie même de ce monde.

Tel était le but auquel visaient les stoïciens, et auquel ils donnaient le nom d'*ataraxie*.

L'ataraxie, c'est l'état d'une âme absolument exempte de tout trouble, de toute émotion, et par conséquent de tout désir et de toute crainte.

Il n'est nullement prouvé que cet état d'âme soit réalisable ici-bas d'une manière absolue. Il y a lieu de croire, au contraire, que, comme l'absence de tout désir et de toute crainte ne dépend pas entièrement de nous, cette vue théorique n'a jamais eu de vérification dans la réalité.

On ne peut dépouiller tout à fait l'humanité sans cesser d'être homme. Or, l'homme est un être sensible, le plus sensible des êtres vivants, et il lui est physiquement et moralement impossible de vivre ici-bas sans désir et sans crainte.

Il n'y a pas de religieux contemplatif, pas de fakir absorbé dans la recherche du *nirvana*, pas de stoïcien, qui ait jamais atteint le degré suprême de l'*ataraxie*, c'est-à-dire le *point mort* de notre « pendule psychologique », page 36.

Fût-elle réalisable, l'ataraxie absolue ne serait pas le bonheur : ce serait l'*insensibilité*, c'est-à-dire le néant, le *nirvana*.

Or, ce n'est pas là une *solution* du problème du bonheur ; c'est sa *suppression !*

Le bonheur absolu supprime tout désir et toute crainte, en raison de sa *plénitude*. C'est la satisfaction sans limite et sans fin.

L'ataraxie (en la supposant réalisable) supprime tout désir et toute crainte, en supprimant le bonheur lui-même. C'est l'insensibilité sans limite et sans fin.

Ces deux conceptions, diamétralement opposées, sont les deux pôles absolus de la psychologie humaine.

Or, il est visible que, du moment qu'il y a un bonheur absolu et un bonheur relatif, il peut y avoir aussi une ataraxie absolue et une ataraxie relative.

Et il est visible également que c'est dans l'ataraxie relative que l'homme trouvera le bonheur relatif.

Pour réaliser celui-ci, il n'est nullement besoin qu'il y ait supression complète des désirs et des craintes, comme dans le bonheur absolu. Il suffit que désirs et craintes se trouvent réduits dans une mesure telle que l'état d'âme ainsi engendré soit *le contentement intérieur que nous savons être essentiellement variable et fragile, mais qu'alimente une somme suffisante de satisfactions de toute nature !* Or, telle est la définition du bonheur relatif que nous avons reconnue comme étant la seule exacte.

Au lieu de l'absence complète de désirs, efforçons-nous d'acquérir la modération des désirs. Cette disposition dépend beaucoup de nous-mêmes. Nous savons, en principe, que tout désir n'est pas réalisable. C'est déjà un motif suffisant pour limiter nos aspirations et les ramener dans le cercle des seules choses qui soient à notre portée.

Les poètes possèdent une sensibilité exquise ; elle leur fait deviner spontanément bien des vérités que les philosophes sont obligés de conquérir à grands renforts de raisonnements.

Ainsi, le gracieux sonnet que voici exprime, de façon parfaite, que le seul bonheur *relatif* auquel nous devons attacher nos désirs est celui que nous pouvons atteindre.

Si j'avais un arpent de sol : mont, val ou plaine,
Avec un filet d'eau : torrent, source ou ruisseau,
J'y planterais un arbre : olivier, saule ou frêne ;
J'y bâtirais un toit : chaume, tuile ou roseau.

Sur mon arbre, un doux nid : gramen, duvet ou laine,
Retiendrait un chanteur : pinson, merle ou moineau ;
Sous mon toit, un doux lit : hamac, natte ou berceau,
Retiendrait une enfant : blonde, brune ou châtaine.

Je ne veux qu'un arpent !... Pour le mesurer mieux,
Je dirais à l'enfant, la plus belle à mes yeux :
Tiens-toi debout devant le soleil qui se lève :

Aussi loin que ton ombre ira sur le gazon,
Aussi loin que je m'en vais tracer mon horizon :
Tout bonheur que la main n'atteint pas est un rêve !

Comme c'est vrai!... Et combien nous devrions nous pénétrer de ce vers éloquent :

Tout bonheur que la main n'atteint pas est un rêve!

Une fois imbus de cette conviction, nous écarterions, hors de la sphère de nos convoitises, toute satisfaction que nous savons être irréalisable, et nous acquerrions cette *modération des désirs* qui est une des conditions du bonheur relatif.

§ 3.

Reste à diminuer la *crainte*.

C'est, peut-être, plus difficile, car, comme l'a dit Massillon, « le fond de l'homme est l'inquiétude ».

Il semble que nous nous complaisions à troubler nos satisfactions présentes par la prévision anxieuse du lendemain.

Certes, il est bon de regarder en avant, de prévoir l'avenir, mais il y a exagération à gâter, par cette préoccupation, nos joies actuelles.

« A chaque jour suffit sa peine », dit la sagesse des nations, exprimant ainsi qu'il ne faut pas grossir les contrariétés inévitables d'aujourd'hui par l'appréhension de celles de demain.

Carpe diem! disait Horace, c'est-à-dire, saisis au passage l'heure fugitive qui te donne de la joie, sans te tourmenter de ce que pourra apporter l'heure suivante.

D'ailleurs, plus nos désirs seront modérés, moins nos craintes seront vives et troublantes, car les petites satisfactions sont celles que menacent le moins les évènements humains.

En résumé, le meilleur moyen de jouir des biens de la vie sans inquiétude, c'est d'en connaître d'avance la *valeur* et la *durée*, — d'en profiter lorsqu'ils se présentent, — de les quitter sans regret lorsqu'ils nous échappent.

C'est une sorte de stoïcisme mitigé, sans fracas et sans phrases. C'est la sérénité du présent, renforcée par la *quiétude* vis-à-vis de l'avenir.

§ 4.

Sérénité, modération des désirs, quiétude, — telles sont les conditions *générales* du bonheur relatif.

Dans l'application, elles se combinent avec les mille circonstances que fait naître la vie pratique de chaque jour, et d'où surgissent une foule de conditions particulières.

Celles-ci peuvent se ramener à six catégories :

1° Les conditions de bonheur qui dépendent de notre état physique personnel, comme la santé.

2° Celles qui se rattachent aux biens extérieurs : fortune, honneurs, etc.

3° Influence de l'intelligence et de l'instruction sur le bonheur.

4° Les rapports du bonheur avec le caractère.

5° Les conditions du bonheur qui dépendent de la conscience.

6° Celles qui dépendent de la sensibilité et des passions.

Nous allons examiner successivement la part d'influence qu'exerce sur le bonheur chacune de ces conditions particulières, et dans quelle mesure il est possible de réaliser celles qui sont utiles à notre félicité.

CHAPITRE V

Conditions physiques du Bonheur

§ 1er

L'homme n'est pas un pur esprit. Son âme est liée à un corps, qui a sa sensibilité propre et qui, en outre, réagit plus ou moins, même sur la sensibilité morale.

Il en résulte que les conditions de ce corps, dont nous ne pouvons faire abstraction pendant la vie présente, exercent forcément une influence considérable sur notre félicité.

Or, ces conditions sont essentiellement variables. Entre la naissance et la mort, notre équation physique évolue et se transforme continuellement, parallèlement aux transformations de notre équation intellectuelle et morale.

Voilà pourquoi les joies de l'enfance diffèrent de celles de la jeunesse, — les joies de la jeunesse de celles de l'âge mûr, — et celles-ci des satisfactions de la vieillesse.

Mais il n'en est pas moins vrai que, — comme dit le proverbe, — « chaque âge a ses plaisirs ». Chaque âge d'ailleurs, a aussi ses peines, par réciprocité.

On appelle l'enfance et la première partie de la jeunesse : « l'âge heureux ».

Cette dénomination est tout à fait justifiée.

C'est l'époque de l'expansion physique, intellectuelle et morale. L'individualité est pleine d'une sève vigoureuse que n'ont pas encore épuisée les désillusions, les peines, les chagrins, les malheurs.

On jouit alors pleinement de tous les biens qui se présentent, parce qu'on en profite sans arrière-pensée, sans désir excessif comme sans crainte.

Les chagrins, au contraire, au lieu de pénétrer profondément dans notre âme et d'y faire de douloureuses blessures, restent tout en surface et s'effacent vite sous d'autres impressions.

Les conditions générales du bonheur relatif se trouvent toutes spontanément réalisées.

On possède la *sérénité*, parce que l'on a une disposition naturelle à voir toutes choses en beau et une confiance en sa bonne étoile.

On a la *modération des désirs*, parce que ceux-ci n'ont pas encore eu le temps de s'accumuler dans notre âme et de s'y raffiner. On se contente de peu, ce qui est une des conditions essentielles du bonheur.

On a la *quiétude*, parce que la prévision du malheur est absente de l'esprit. Ce n'est que plus tard, lorsque les froissements, les ennuis, les douleurs, ont meurtri notre âme, que l'on se préoccupe de leur retour possible et qu'on les redoute.

L'adolescence et l'âge mûr ont déjà permis de faire l'apprentissage de la vie. On s'est aperçu, non seulement que tout n'y est pas beau, mais qu'il s'y mêle de bien vilaines choses. L'âme, au lieu d'obéir à un besoin d'expansion, a plutôt une tendance à se contracter, à revenir sur elle-même, comme au seul refuge où l'homme puisse se consoler d'avoir vu s'envoler, l'une après l'autre, toutes ses illusions.

Certes, on peut conserver sa *sérénité*, mais au lieu d'être, comme auparavant, spontanée et irréfléchie, elle devient raisonnée. On se dit qu'en somme, si le monde n'est pas parfait, comme il ne dépend pas de nous de le modifier, il faut s'arranger pour y vivre le mieux possible, sans se troubler outre mesure des lacunes et des défauts qu'il présente. On s'y habitue, on s'y adapte, et l'on trouve la possibilité d'y accomplir sa carrière terrestre sans trop de heurts.

De même, la *modération des désirs* ne provient plus de la rareté de ces derniers, mais de l'expérience que l'on a faite, et qui nous a appris, plus ou moins durement, qu'ils ne sont pas tous réalisables. Dès lors, c'est la sagesse, non l'ignorance, qui sert de guide, et nous ne pouvons qu'y gagner.

Enfin, la *quiétude* ne résulte plus d'un défaut de prévoyance, mais de la conviction que les anxiétés

prématurées ne conjurent nullement les événements
futurs, et accroissent nos peines présentes sans profit
pour l'avenir.

La plupart des hommes considèrent la vieillesse
comme l'âge où les conditions physiques sont les plus
contraires à la possession du bonheur.

La généralité de cette opinion ne lui donne pas, par
cela même, plus de valeur. Elle est tout simplement le
résultat d'une erreur générale, d'une confusion, qui se
rattache à des vues théoriques et non à l'observation
des faits.

Qu'est-ce que la vieillesse, en somme, sinon une phase
normale de l'évolution régulière de tout être vivant ?

Swift disait plaisamment :

« Tout le monde désire vivre longtemps, mais
personne ne voudrait être vieux. »

Cependant, il n'existe pas de moyen de vivre
longtemps, sans devenir vieux.

Puisque c'est là une condition de l'humaine nature,
pourquoi ne pas l'accepter avec la même sérénité que
toutes les autres ?

La vieillesse, en elle-même, n'est pas un mal. Elle
ne l'est que par l'idée que nous nous en faisons.

La preuve de cette affirmation réside dans ce fait,
qu'il est aisé de constater en maintes circonstances.
Ceux qui se trouvent dans la phase de la vieillesse
l'envisagent d'une manière moins pessimiste que ceux
qui sont sur le point de l'atteindre.

Qu'est-ce que cela démontre ? C'est que, dans l'âge mûr, on se fait une très fausse conception de ce qu'est, en réalité, la vieillesse. On la juge beaucoup plus mal qu'elle ne le mérite. C'est l'éternelle histoire des « bâtons flottants » : *de loin, c'est quelque chose, et de près, ce n'est rien !*

On pourrait appliquer à la vieillesse ce quatrain, qu'un humoriste du XVIIIe siècle avait composé justement pour montrer que la mort elle-même était moins effrayante de près que de loin :

> Chacun, de céder à la Parque
> Se fait un monstre : il n'en est rien !
> Le moment venu, je remarque
> Que chacun s'en tire assez bien !

De même pour la vieillesse. On la redoute, mais, le moment venu, *chacun s'en tire assez bien !*

Il y a beaucoup de vieillards qui, pour le contentement et la tranquillité d'esprit, sont mieux doués que bien des hommes mûrs et même que bien des jeunes gens.

Combien de ces derniers, éternels fatigués, éternels ennuyés, traînent une existence vide, morne, qui contraste singulièrement avec la vie encore active, remplie, réconfortante, sereine, d'un grand nombre d'hommes à cheveux blancs !

D'ailleurs, ne dépend-il pas de nous, dans une certaine mesure, de ralentir longtemps en nous les progrès de la vieillesse, du moins en ce qui concerne l'affaiblissement de nos facultés intellectuelles et morales? Certes, notre corps, comme notre visage, deviendra ce que veulent les années. Mais nous pouvons, du moins, conserver les ardeurs et les générosités de la jeunesse, ne rien abandonner de la dignité de l'âge mûr, et continuer à nous améliorer et à nous rendre utiles jusqu'aux derniers jours de notre existence.

Nous pouvons, surtout, nous tenir en garde contre certains travers particuliers aux vieillards et qu'on leur reproche avec plus ou moins de raison.

Car, ces dispositions spéciales, que les jeunes gens et les hommes mûrs appellent des *travers*, si elles sont des particularités ordinaires de la vieillesse, ne sont pas nécessairement des défauts.

Elles témoignent, tout simplement, que le vieillard ne voit plus toutes choses sous le même angle qu'auparavant. Lui-même, si l'âge ne l'avait pas justement accoutumé à tout mieux comprendre et à être plus indulgent, — il traiterait de *travers* les illusions, la fatuité, les emballements de la jeunesse.

En réalité, les états d'âme particuliers à chaque âge sont tout simplement les caractères de chacune des phases de notre évolution.

Faut-il s'étonner que les jeunes gens, qui n'ont pas encore de passé, se préoccupent uniquement de l'avenir, et y placent tous leurs beaux rêves?... Mais sera-t-on surpris, si les vieillards, dont l'avenir est désormais mesuré, se reportent de préférence vers le passé, et se remémorent avec délices les circonstances de leur existence dans lesquelles ils agissaient, aimaient, luttaient, mettaient en œuvre toutes les puissances de leur être aujourd'hui condamnées au repos?

Quelle contradiction n'y a-t-il pas à considérer la vieillesse comme un âge peu favorable au bonheur, — et à prétendre, en même temps, la sevrer de ces *travers* qui sont justement les sources spéciales des satisfactions qu'elle peut se procurer.

Sous la réserve de ces restrictions, nous reproduirons un très curieux écrit du docteur Jonathan Swift, relatif au sujet qui nous occupe. La plupart des lecteurs français ne connaissent cet écrivain que par ses *aventures de Gulliver*, mais il est l'auteur de beaucoup d'autres ouvrages remarquables par la force de l'intelligence et l'originalité de l'esprit. Léon de Wailly a traduit en français une petite partie des essais et des fragments de Swift, sous le titre d'*Opuscules humouristiques*.

C'est de là que nous extrayons les lignes suivantes :

RÉSOLUTIONS POUR L'ÉPOQUE OU JE DEVIENDRAI VIEUX

« Ne point épouser une jeune femme.

« Ne point fréquenter les jeunes gens, à moins qu'ils ne le désirent.

« N'être point maussade, ni morose, ni soupçonneux. Ne pas mépriser le présent, ses manières de voir, son genre d'esprit, ses modes, ses hommes, ses guerres, etc.

« Ne pas rabâcher sans cesse la même histoire aux mêmes gens.

« Ne pas être cupide.

« Ne pas négliger la propreté, de peur d'être rebutant.

« N'être pas trop sévère pour les jeunes gens, mais faire une large part à leurs étourderies et à leurs faiblesses.

« Ne pas accorder d'influence aux commérages de domestiques et d'autres personnes qui ont l'esprit vide ou plein de malveillance.

« Ne pas être prodigue d'avis, et n'en donner qu'à ceux qui en demandent.

« Prier quelque bon ami de me prévenir de celles de ces résolutions que je viole ou néglige, et en quoi, et me réformer en conséquence.

« Ne pas trop parler, surtout de moi.

« Ne pas me vanter de ma beauté passée, ni de ma force, ni de mes succès, etc.

« Ne pas écouter les flatteries, ni me figurer que je puis être aimé comme un jeune homme. Éviter les captateurs d'héritages.

« Ne pas être tranchant ni entêté dans mes opinions.

« Ne pas me donner pour observer toutes ces règles, de crainte que je n'en observe aucune. »

Ces « résolutions » datent de 1699. Swift avait alors trente-deux ans. Il considérait donc la vieillesse du point de vue d'un homme encore jeune, qui envisage certaines de ses particularités comme des *travers*.

Néanmoins, il y a, dans son écrit, des observations et des réflexions utiles, dont tout le monde, y compris les vieillards, peut tirer parti.

Quoi qu'il en soit de cette question secondaire, la vieillesse n'est pas un obstacle à la réalisation des conditions générales du bonheur relatif.

Au contraire, les vieillards sont d'autant plus portés
à conserver la *sérénité*, que l'expérience de la vie leur a
appris, mieux que toute considération, ce que valent et
ce que durent les biens de ce monde.

L'expérience leur a aussi appris la *modération des
désirs*, en leur montrant qu'une partie de ceux-ci
seulement sont réalisables. D'autre part, l'âge a endormi
ou ralenti en eux bien des aspirations, et restreint
d'autant le cercle de leur activité d'esprit et de leurs
besoins.

Enfin, leur *quiétude* repose également sur l'expérience
du passé, ainsi que sur la brièveté de l'avenir qui leur
reste ouvert et qui, s'il doit leur apporter des adversités,
ne pourra pas, du moins, les prolonger longtemps.

En outre, l'approche d'une autre vie, qui s'empare de
plus en plus de leurs méditations, leur fait considérer
de jour en jour davantage avec calme les vicissitudes
de la vie présente. Leur regard se fixe sur l'au-delà : il y
entrevoit la fin de toute adversité, le bonheur éternel,
absolu, — et c'est avec une grande indifférence pour
toutes les choses qui passent, qu'ils ramènent leurs
yeux sur la terre.

§ 2.

A côté des vicissitudes physiques, inévitables, amenées
par l'âge, — il y a celles, toujours éventuelles, occa-
sionnées par la maladie.

L'humanité entière est d'accord sur ce point : *la santé
est le plus grand des biens*.

Du moins, elle le proclame sur tous les tons, dans toutes les langues, depuis l'origine des siècles. Sur ce point, les philosophes ne parlent pas autrement que le vulgaire. Les proverbes de toutes les nations rendent le même témoignage, et dans ....es les conversations, cent fois par jour, on entend dire la même chose.

Mais après avoir rendu cet hommage à la vérité, l'humanité agit comme si elle n'en était nullement convaincue.

C'est le sort de toutes les vérités communes. A force d'être redites, elles deviennent des banalités, qui passent de bouche en bouche, mais qui ne pénètrent pas dans les esprits.

— *La fortune ne fait pas le bonheur!* disent tous les humains.

Et tous les humains sacrifient le vrai bonheur pour courir après la fortune.

— *La santé est le plus grand des biens!* disent-ils encore.

Et ils négligent la santé, dans leur recherche acharnée de tous les autres biens.

Comment expliquer cette contradiction?

Oh! C'est bien simple. C'est que ces deux phrases contiennent chacune une vérité, mais ne renferment pas toute la vérité, parce qu'elles sont trop absolues.

Il est vrai que la fortune ne fait pas par elle-même le bonheur, mais elle peut être, si l'on sait en user sagement, un élément important du bonheur, en procurant la sérénité, la quiétude.

Voilà pourquoi les hommes cherchent la fortune, même en sacrifiant de vrais biens, parce qu'ils espèrent qu'elle leur donnera invariablement les mêmes satisfactions qu'à ceux qui en usent sagement. Et c'est en cela qu'ils se trompent.

Il est vrai aussi que la santé est, sinon le plus grand des biens, du moins un très grand bien.

Mais, il en est de ce bien comme de beaucoup d'autres : nous ne l'apprécions guère tant que nous en jouissons, et ce n'est que lorsque nous venons à le perdre que nous en reconnaissons tout le prix.

C'est surtout un manque d'attention, de prévoyance, qui nous rend négligent sur ce point.

Il est certain que nous ne sommes si imprudents à exposer notre santé et à provoquer le mal, par nos oublis ou nos excès, que parce que nous ne réfléchissons pas assez à toute les conséquences de la maladie.

Nous ne parlons pas seulement ici des souffrances physiques qu'elle occasionne, de l'ébranlement irrémédiable qu'elle produit dans notre constitution. Il est évident qu'après avoir été brisé par le mal, le corps a beau guérir, ce n'est, trop souvent, qu'une machine raccommodée qui ne peut retrouver sa première solidité. Mais c'est là le moindre inconvénient.

A-t-on jamais calculé ce qu'une maladie, appelée par notre faute, pouvait produire de tristes résultats ?

Perte de temps, et, par suite, renversement de nos projets, espérances trompées, occasions perdues !

Perte d'argent, et, par suite, gêne, troubles domestiques, diminution du crédit, misère !

Chagrins et fatigues pour nos proches, et, par suite, maladies pour eux-mêmes, infirmités, morts qui nous causent de cruelles douleurs !

On pourrait faire entrer encore en ligne de compte l'affaiblissement des facultés qui suit la souffrance, l'altération du caractère, enfin la perte, moins importante, mais toujours regrettable, de la jeunesse et de la beauté !

On ne devrait jamais oublier que s'exposer à la maladie, c'est faire des avances au malheur autant qu'à la mort. De tous les capitaux dont nous avons la disposition sur la terre, la santé est celui que nous devrions le plus ménager. Si nous le plaçons à fonds perdu par insouciance ou par faiblesse pour nos passions, il ne nous donnera, comme intérets, qu'infirmités et soucis.

Il est certain que lorsqu'on n'a jamais éprouvé de maladies graves, on ne se rend pas compte de la perturbation qu'elles apportent dans le bonheur.

M. E. P. C.*** accomplissait la soixante-quinzième année de son âge sans avoir jamais éprouvé de fortes maladies. Il n'en avait eu que de courtes, mêlées de quelques accidents aigus, — ou des indispositions ordinaires. Il ne savait véritablement pas ce qu'était la souffrance des malades condamnés à de longues épreuves. Lorsque dans les relations du monde ou des affaires, il arrivait qu'une personne manquât à une réunion pour cause de maladie, la situation de cette personne ne provoquait pas chez lui beaucoup plus d'émotions que s'il se fût agi d'un absent pour cause de voyage.

« Evidemment, — écrivait-il plus tard, — il me manquait un sens, et ma vie était incomplète sous un point de vue. Jamais ma pensée ne se portait sur la situation douloureuse, angoissante, souvent martyrisante, de mes malheureux frères attaqués et torturés par des maladies graves.

« Mais Dieu m'a pris en commisération relativement à cette imperfection du sens moral. Il a voulu, par une maladie très longue et souverainement douloureuse, *m'initier* à ce côté mystérieux de la vie humaine. »

Après plus de six mois de souffrance, ce malade avait pensé que l'*initiation* était complète.

« Il faut bien croire le contraire, — ajoute-t-il noblement, — puisque non seulement ma maladie se continue, mais qu'elle ne peut se terminer qu'après des opérations cruelles et dangereuses, pour lesquelles je dois travailler à prendre des forces qui me les fassent supporter.

« Je serais, peut-être, lâchement disposé à demander grâce, si je n'avais foi entière en la divine Providence, qui sait mieux que moi jusqu'à quel degré doivent être portées les épreuves pour assurer et maintenir le résultat qu'elles ont eu pour mission d'accomplir, — résultat qui doit se manifester dans une autre vie, si la mort l'empêche de se manifester en celle-ci. »

Enfin, il conclut :

« Les orages, les ouragans, les cyclones, les inondations, les incendies, les guerres, les pestes, les famines, les soulèvements imprévus de la mer, les éruptions de

volcans, les tremblements de terre, sont dés fléaux
secondaires pour l'humanité, comparés au fléau de la
maladie. Ils sont temporaires ou locaux, tandis que la
maladie lui est attachée comme une lèpre incurable ;
elle lui est un fléau radical, universel, sans limites,
menaçant à tous les instants, en tous lieux, dans toutes
les positions sociales !

« La maladie est le dérangement de l'équilibre des
forces, dont l'harmonie constitue la vie normale ou la
santé de l'être humain. Les personnes qui déclarent à
tout propos que la santé est le premier des biens, disent
une grande vérité. Il faut avoir été souvent, longuement
et gravement malade pour la comprendre dans toute
son étendue. »

Néanmoins, si la santé est grandement utile au
bonheur, il ne faudrait pas s'imaginer que tout contentement soit impossible en dehors d'elle.

Elle est de ces biens qui ne dépendent pas uniquement de nous, et que notre sagesse doit ranger, par
conséquent, dans la catégorie de ceux qui peuvent
éventuellement nous manquer.

Le philosophe qui, torturé par la maladie, s'écriait :
« Douleur, tu n'es qu'un mot ! » essayait vainement de
protester, par une conception purement théorique,
contre une nécessité inéluctable de la nature humaine.

Il ne dépend pas de nous de supprimer la souffrance
par le stoïcisme. La douleur n'est pas un mot, elle est
un mal, un mal réel, que l'humaine nature s'efforcera
toujours d'éviter.

Mais ce serait une exagération non moins absolue que de croire la souffrance capable de supprimer tout contentement intérieur.

Le corps souffre, mais l'âme peut rester paisible, sereine, et planer dans une atmosphère supérieure, où elle trouve des adoucissements, des consolations, parfois même des compensations inespérées.

Dans *La Recherche du vrai bien*, de Charnage dit à l'homme en proie à la douleur :

« Tu souffres, — prends patience ! Tes souffrances actuelles ne seront pas perdues pour ton avenir... Tu leur devras de ne plus trop désirer ni trop craindre, de considérer la sérénité de l'âme comme un véritable bien, de t'endurcir à la douleur, et de supporter avec une mélancolique indifférence les mille contrariétés de la vie. »

Et que dire de cette déclaration d'Augustin Thierry *(Dix ans d'études historiques)* :

« Aveugle et souffrant, sans espoir et presque sans relâche, je puis rendre ce témoignage qui, de ma part, ne sera pas suspect :

— « Il y a au monde quelque chose qui vaut mieux que les jouissances matérielles, mieux que la fortune, mieux que la santé elle-même ; — c'est le dévouement à la science. »

Ces suprêmes consolations ne sont pas à la disposition de tout le monde, mais ce qui est à la portée de tous, c'est la *patience*, la *résignation*, le *courage*, — soutenus par la pensée que les maux n'ont pas plus de durée que les biens, et que, par conséquent, les souffrances endurées diminueront et prendront fin ; — que rien de ce qui arrive ne se produit sans un but supérieur, à l'accomplissement duquel concourent nos épreuves, et que, si nous les supportons avec constance, nous en retirerons un jour, soit ici-bas, soit ailleurs, toutes les compensations qu'elles comportent.

Voici les conclusions pratiques qui, au point de vue du bonheur, se dégagent des réflexions qui précèdent :

1° La santé est un grand bien, et l'on doit, en conséquence, prendre toutes les précautions, toutes les mesures indiquées par l'expérience et la science pour la mettre à l'abri de toute atteinte.

2° Si, malgré notre prévoyance, la maladie nous assaille, efforçons-nous de conserver toute notre *sérénité* d'esprit, même dans la souffrance, en songeant que l'épreuve que nous traversons n'est que *passagère*, — qu'elle nous sera certainement *utile*, — et qu'elle est en tout cas, *inévitable*.

« La résignation n'est pas du contentement, — dit de Charnage (ouvrage cité), — mais elle y mène. »

CHAPITRE VI

Conditions matérielles du Bonheur

§ 1er

« Il est des maximes, dit Malesherbes, qu'on dédaigne parce qu'elles sont dans la bouche de tout le monde ; — mais on devrait songer que cette banalité même en prouve la vérité et l'utilité. »

Tel est, par exemple, le proverbe si répandu :

— La fortune ne fait pas le bonheur !

Il est sur toutes les lèvres, mais est-il aussi dans les cœurs ? Il y a lieu d'en douter, à voir l'acharnement que mettent les hommes à poursuivre la fortune, même aux dépens de satisfactions très réelles.

Les uns désirent la richesse, parce qu'ils se figurent, à tort, que l'argent peut procurer tout ce que l'on désire. Ils se préparent, de ce fait, de grosses désillusions.

Un grand nombre de personnes ne voient dans la fortune que la possibilité de s'abstenir de tout travail, de *ne rien faire.*

Se retirer après fortune faite, vivre de ses rentes, est l'idéal de nos sociétés modernes. Il semble, à la plupart des gens, que le retraité, le rentier, sont des êtres parfaitement heureux.

Il y a là un aveuglement enraciné, tenace, entretenu par la fausse idée que l'on se fait de l'état d'âme de quelques désœuvrés, que l'on voit aller et venir, courir de fête en fête, calmes et heureux en apparence, mais rongés, en réalité, par l'étreinte d'un irrémédiable ennui.

« Les personnes indolentes, dit Zimmermann, quelque goût qu'elles puissent avoir pour la société, cherchent avidement le plaisir, et ne le trouvent nulle part. Partout, elles ont la tête vide et le cœur serré ; toujours elles éprouvent de l'ennui, et toujours elles en donnent aux autres. Elles paraissent occupées, et ne font rien. Elles courent incessamment, et restent toujours à la même place. Elles se plaignent de ce que la vie est trop courte, voient avec effroi les papiers s'accumuler sur leur bureau, déplorent jour et nuit la multiplicité de leurs affaires, et oublient que le travail seul peut en diminuer le nombre. Elles sont   rprises de voir arriver la fin de l'année, et, chaque matin, elles se demandent à quoi elles emploieront la journée. En été, elles désirent l'hiver ; — en hiver, elles désirent l'été. Le matin, elles voudraient être au soir, et le soir au lendemain matin, qui leur déplaît aussitôt qu'il est arrivé. Ces infortunés ont trop peu d'idées et l'esprit trop pesant ; ce qui ne les empêche pas d'être toujours prêts à se rendre dans les endroits où il y a quelques caquets à entendre et à partager. »

Ouida (*Dans une ville d'hiver*, page 6) exprime le même sentiment d'une manière très pittoresque :

« L'ennui, dit-elle, est le caillou insupportable qui toujours se glisse dans la pantoufle de ceux qui courent après le plaisir. »

André Theuriet appelle ce désir de se soustraire à la loi du travail, par son véritable nom. Ce n'est pas le besoin du bonheur, c'est la *paresse*. Or la paresse, bien loin de conduire à la félicité, en éloigne.

« La paresse, dit Theuriet, ressemble à ce délicieux lotus dont Homère parle au chant IX de l'Odyssée. La douce et traîtresse saveur de ce fruit magique procurait de si beaux rêves aux compagnons d'Ulysse qu'ils oubliaient le reste du monde, et, tout entiers à cette ivresse, ne se souciaient plus de revenir dans leur patrie.

« Pendant cette inféconde opération de la rêverie nonchalante, l'intelligence se disperse et la volonté se débilite. On s'accoutume à la paresse comme à tous les anesthésiques et on est sans cesse disposé à doubler la dose. Peu à peu, on se dégoûte de l'action et, dans les intervalles du rêve, la réalité crue vous paraît odieuse. On devient la proie de cet ennui féroce, dont un poète a dit :

Il ferait volontiers de la terre un débris,
Et dans un bâillement avalerait le monde.

« C'est alors que, ne sachant plus vouloir, n'ayant
plus assez d'énergie pour agir, on déclare que la vie ne
vaut pas la peine d'être vécue, et qu'on arrive à s'agréger
au fastidieux troupeau des pessimistes. A cette maladie,
il n'y a qu'un remède, c'est de se traiter soi-même
comme Ulysse traita ses compagnons mangeurs de lotus :
« Il les ramena de force aux vaisseaux, malgré leurs
» larmes, et les attacha au banc des rameurs... Et,
» assis en ordre, ils frappèrent de leurs rames la mer
» écumante. »

« En cette vie, mes chers amis, il faut ramer, à
quelque condition qu'on appartienne, à quelque profession qu'on se destine : commerce ou industrie,
sciences, lettres ou arts. »

Donc, rechercher la fortune, soit en vue des plaisirs
qu'on la croit susceptible de donner, soit pour s'abstenir de tout labeur et vivre heureux dans le *far niente*,
c'est faire fausse route.

Après avoir souvent usé une grande partie de sa vie
pour la conquérir, on s'apercevra, trop tard, qu'elle est
absolument impuissante, par elle-même, à procurer les
plaisirs que l'on s'en promettait, et que l'oisiveté est
plus à charge que le labeur.

De sorte que l'on aura passé des années à peiner, —
à peiner d'autant plus que l'on considère le travail
comme *un mal* nécessaire, — à recueillir sou par sou
ce trésor dans lequel on a mis tous ses espoirs futurs,
et pour l'accroissement duquel on sacrifie toutes les
satisfactions que le présent pourrait donner au jour le
jour.

Et lorsqu'arrive le moment où l'on croit enfin pouvoir en jouir, — si la mort, qui n'a pas d'heure, n'est pas venue interrompre en chemin cette édification des félicités futures, — on constate que l'on s'est leurré, que l'on est passé à côté de tous les vrais biens de la vie sans les saisir, et que le mirage vers lequel on marchait s'est évanoui. Les sacs d'écus accumulés ne nous donnent ni les plaisirs rêvés, ni même ce bien-heureux *far niente* auquel on ne pouvait penser sans être ravi en extase.

Ne rien faire ! quel idéal !... Demandez donc à tous ceux qui ne font *réellement* rien s'ils sont heureux !

§ 2.

Les hommes se font des idées fausses sur bien des choses, mais il n'y en a pas au sujet de laquelle ils se trompent plus grossièrement et plus universellement que sur ce qu'est, en réalité le *travail*.

La plupart d'entre eux le considèrent *à priori* et sans réflexion comme un *mal nécessaire*, et c'est justement à cause de cette idée qu'ils s'en font que le travail devient pour eux *une peine*.

C'est une des conditions de notre nature que les choses agissent sur nous justement de la façon dont nous nous les représentons. Indifférentes en elles-mêmes, elles sont bonnes si nous les considérons comme bonnes; — elles deviennent, au contraire, des maux, si nous les regardons comme telles.

Il en est ainsi du travail ! Alors que tant d'ignorants, tant d'esprits courts, et la grande masse de l'humanité inconsciente qui se laisse entraîner par l'opinion des autres, cherchent à se soustraire le plus possible au travail, à le réduire, à le supprimer, si possible, voici comment le considèrent les intelligences clairvoyantes qui jugent des choses, non d'après les préjugés et les passions, mais d'après les saines lumières que donne la réflexion.

« Dieu, dit E. Legouvé, nous a imposé de bien rudes épreuves sur cette terre ; mais il a créé le travail, tout est compensé. Les larmes les plus amères tarissent, grâce à lui ; consolateur sérieux, il promet toujours moins qu'il ne donne ; plaisir sans pareil, il est encore le sel des autres plaisirs. Tout vous abandonne, la gaîté, l'esprit, l'affection ; lui, il est toujours là, et les profondes jouissances qu'il vous procure ont toute la vivacité des enivrements de la passion, avec tout le calme des plaisirs de la conscience. Est-ce en dire assez ? Non ; car à ces privilèges du travail, il faut en ajouter un dernier plus grand encore : c'est qu'il est comme le soleil ; Dieu l'a fait pour tout le monde. »

« Le travail, — dit Orville Dewey, — est le plus bienfaisant, le plus admirable dispensateur que puisse concevoir l'ignorance humaine, et que notre incessante plainte puisse supporter. Jamais labeur, quelque ignoré, perdu en apparence que soit son résultat, jamais labeur n'est superflu, n'est inutile.

« Le travail ! eh ! c'est toute l'éducation, toute la discipline ! C'est le développement de l'énergie, la nourriture des vertus, l'école du progrès !

« Du faible enfant qui ramasse quelques fagots pour le foyer de sa mère, jusqu'à l'hercule qui abat le chêne, géant des forêts, — le travailleur, grand ou petit, robuste ou faible, dans chacun de ses pas fatigués, dans chacune de ses urgentes et rudes tâches, obéit à une sagesse bien au-dessus de sa propre sagesse ; — il contribue à un plan bien au-dessus de ses plans restreints, de sa prévision bornée, de son utilité particulière, ou de la richesse et des splendeurs du luxe d'autrui.

« La terre et tout ce qui l'environne sont, dit-on, remplis d'un fluide électrique qui échappe d'ordinaire à l'appréciation de nos sens, mais qui, dégagé par la moindre friction, se révèle aussitôt en rapides étincelles. Il en est ainsi du monde moral : un léger frottement, un seul tour de quelque roue cachée dans la machine sociale, et l'étincelle jaillit, l'éclair s'enflamme : un mot à peine prononcé, une pensée murmurée à demi, résonnent soudain comme le son d'un tonnerre éloigné. Les rouages imperceptibles, l'habituelle routine des soucis quotidiens, des vulgaires occupations de tous les jours, l'humble mécanisme de la plus humble vie, peuvent développer toute l'électrique puissance de grandes et héroïques vertus. »

A ces deux points de vue, dont on aperçoit toute l'importante portée, joignons celui de la vie pratique quotidienne que Mme de Staël exprimait nettement, en écrivant :

« Lorsqu'il n'y a pas de malheurs extraordinaires, je ne sens aucune peine jusqu'à cinq heures après-midi, *que finit pour moi le moment du travail.* »

Il y a loin de cette constatation à la satisfaction imaginaire que rêvent les partisans du *dolce far niente.*

7

Résumons ces idées.

Il est incontestable que le travail est une *nécessité*. Mais de cette constatation ne résulte pas, *nécessairement*, que le travail soit *un mal*.

Le sommeil est également une nécessité, mais ce n'est pas un mal. La faim, la soif, sont des nécessités, mais ce ne sont pas des maux : elles donnent lieu, au contraire, à d'agréables satisfactions.

Assimiler toutes les nécessités à des maux, ce serait condamner fatalement l'humanité au malheur, puisque la plupart des conditions de son existence sont inéluctablement nécessaires.

Oui, certes, les nécessités peuvent être occasionnellement la cause de maux très réels. Être privé de sommeil est une souffrance : c'est l'un des plus cruels supplices imaginés par les Chinois. On peut aussi souffrir au plus haut degré de la faim et de la soif.

Mais ces maux qui résultent de la *nécessité* de dormir, de boire et de manger, ne sont pas, on le sait, étroitement unis à ces nécessités, puisque, dans la vie ordinaire, on peut satisfaire celles-ci.

Le travail n'est même pas une nécessité aussi inéluctable que celle du sommeil, de la faim et de la soif. Celles-ci sont strictement inhérentes à la nature humaine, et il nous est absolument impossible d'y échapper.

Le travail, au contraire, n'est qu'une nécessité relative, et la preuve, c'est que les paresseux, — puisqu'il faut les appeler par leur nom — cherchent à s'y soustraire et y réussissent parfois plus ou moins complètement.

Le travail est ce que l'on pourrait appeler une *nécessité de moyen*. Il faut travailler pour vivre, c'est-à-dire pour donner satisfaction aux nécessités inéluctables de la faim, de la soif, de la protection du corps contre les intempéries, du sommeil, etc.

Même le *repos*, — ce repos que les indolents considèrent comme une béatitude, — est plus nécessaire que le travail. Car, si l'on peut, à la rigueur, s'abstenir de travailler, — il est indispensable de se reposer lorsqu'on est *fatigué*.

La fatigue ne provient pas nécessairement du travail : les plaisirs et l'oisiveté fatiguent, beaucoup plus que le labeur. Ils provoquent une fatigue maladive, que le repos ne dissipe jamais entièrement, tandis qu'il vient toujours à bout de la lassitude saine, normale, occasionnée par le travail.

Entre ces deux nécessités, — celle du *travail* et celle du *repos*, — la première évitable, la seconde inéluctable, — comment se fait-il que les tendances de l'humanité la portent à préférer la seconde à la première.

Car cette tendance générale est évidemment incontestable : elle a par conséquent un motif.

Ce motif est facile à mettre en lumière : c'est l'indolence, c'est la répugnance de la nature humaine pour l'*effort*.

L'effort nous coûte, — nous le considérons comme un mal, et nous englobons dans la même aversion tout ce qui semble devoir exiger un effort. Nous redoutons tellement l'effort, que nous nous exagérons toujours d'avance ses difficultés, la peine qu'il nous occasionnera, sans mettre en balance les probabilités contraires, et même les satisfactions qu'il pourra nous procurer.

C'est parce que l'on a fait du *travail* un synonyme de l'*effort*, que le travail constitue, pour la plupart des hommes, une sorte d'épouvantail, un ennemi, en un mot un *mal nécessaire*, auquel il faut se soustraire dans la plus large mesure possible.

Cette conception se traduit par ces affiches que l'on placarde dans les milieux ouvriers :

« Vouloir la journée de 8 heures, c'est vouloir *plus de bonheur* pour soi et les siens. »

Voilà l'énormité psychologique et morale que des hommes, qui n'ont vraisemblablement pas conscience de l'œuvre malfaisante qu'ils accomplissent, s'efforcent de propager, par tous les moyens, dans le monde des travailleurs.

Comment ceux-ci pourraient-ils se soustraire à l'action de ce poison moral?

— C'est vrai que le travail est *pénible*, diront-ils, et qu'il vaut mieux en faire le moins possible.

Qui leur montrera que le travail est devenu *pénible* pour eux surtout depuis qu'on leur a dit qu'il l'était. Y songeaient-ils à leur peine, avant qu'on eût appelé leur attention sur ce point, et qu'on les eût engagés à comparer leur sort à celui d'autrui? Nullement! Ils accomplissaient courageusement et même allègrement leur tâche quotidienne. Ils jouissaient modestement, mais avec un vrai contentement, du fruit de leur labeur. Ils ne se sentaient pas malheureux.

Mais on est venu leur dire :

— Que votre sort est triste et combien vous êtes à plaindre ! Le bonheur ne peut pas être votre lot ! Comment un homme qui travaille tout le jour peut-il être heureux ? Songez combien le travail est pénible. Quelles satisfactions avez-vous pour tant de labeur ? Aucune !

« Notre cœur humanitaire souffre à la pensée de tout ce que vous souffrez ! Nous voulons adoucir vos peines, diminuer votre travail !... *Il vous suffit pour cela de nous donner vos votes !* »

Ce n'est pas le travailleur qui, de lui-même, a demandé le changement d'une situation qu'il trouvait, en somme, supportable, et qui lui donnait même des satisfactions suffisantes pour que sa vie comportât un bonheur relatif appréciable.

Ce sont ces amis compatissants qu'il ne se connaissait pas, et qui se sont introduits dans son existence, qui se sont efforcés, par tous les moyens en leur pouvoir, de le convaincre qu'il était malheureux, et qu'il avait besoin d'eux pour sortir de sa prétendue détresse, — alors que c'étaient eux, au contraire, qui avaient besoin de lui, pauvre jouet, pour édifier leur fortune sur son vote.

C'est un crime que d'avoir empoisonné de la sorte la vie du travailleur, de lui avoir ainsi ravi ce bonheur relatif dont il se contentait.

Car le malheureux, ainsi trompé et démoralisé, n'obtiendra jamais de *ceux à qui le crime profite*, une compensation suffisante à la perte de son modeste contentement de jadis.

Non, le travail n'est pas un mal, pauvres naïfs confiants qui vous êtes laissés duper par des phrases perfides, et vous le savez bien vous-mêmes ! Aujourd'hui encore, en dépit des sophismes quotidiens que vous entendez, lorsque vous êtes à votre besogne, avec quel beau courage vous maniez le pic, le marteau, le rabot, la truelle !... La sentez-vous, la peine ? Il n'y paraît pas, et je vous admire... Vous ne peinez pas, vous vivez ! Vous vivez de tous vos muscles, et sans arrêt, vous domptez, de toute votre belle énergie d'hommes, la terre, le métal, le chêne, la pierre !

Le travail, un mal ! Allons donc !... Vos physionomies respirent le contentement de l'homme qui accomplit courageusement son devoir. Vous travaillez avec attention, avec soin, avec amour, — et ce déploiement d'activité vous anime, vous excite, vous réjouit même au point que vous chantez.

Ce n'est jamais *pendant* le travail que vous êtes disposés à le considérer comme une peine, — c'est *avant* ou *après*.

Au cours du labeur, vous n'êtes plus maîtres de le juger d'après les idées des autres, car à ce moment *c'est le travail qui vous empoigne*, et il exerce sur vous une action si bienfaisante, il vous donne un contentement si vrai, un entrain tellement irrésistible, — que vous ne pouvez pas, sans mentir, dire qu'il est un mal.

Ceci n'est pas une vue de l'esprit. C'est un phénomène concret, positif, que j'ai observé sur moi-même, et *dans tous les ateliers, sur tous les chantiers !*

Une fois à la besogne, l'homme éprouve une sorte d'entraînement, une satisfaction spéciale, profonde, agréable, *que le travail seul peut donner !*... Cette sensation cesse en même temps que le travail, et reprend aussitôt qu'on se remet en train... C'est bien un plaisir particulier, qui n'est comparable à aucun autre, et qui est le résultat direct et constant du travail.

C'est là ce qu'éprouvait Mme de Staël et ce qu'elle exprimait dans la phrase que nous avons citée.

En conséquence, l'idée ordinaire que la plupart des hommes se font du travail est absolument fausse. Le travail n'est pas cet *effort pénible, difficile, presque douloureux* qu'une aberration générale tend à représenter à l'imagination, et que les esprits les mieux pondérés n'envisagent pas toujours sans une sorte d'appréhension.

Le seul effort réel que nous ayons à faire pour travailler, c'est de vaincre cette appréhension ridicule que nous inspire le labeur, et *de nous mettre en train.* Ici, comme en bien des choses, « il n'y a que le premier pas qui coûte. »

Une fois la tâche commencée, toutes les difficultés disparaissent. Non seulement les efforts soutenus, répétés, qu'elle nous demande ne sont pas pénibles, mais ils nous procurent la satisfaction spéciale très réelle dont nous venons de parler.

Le travail peut même, pour peu que nous le raisonnions et que nous nous rendions compte de tout ce qu'il renferme de bienfaisant, nous procurer un véritable plaisir.

Et alors, comme on fait bien ce que l'on fait avec plaisir !

C'est cette pensée que Colbert avait consignée dans ses *Instructions à son fils*.

« Comme il n'y a que le plaisir que les hommes prennent à ce qu'ils font ou doivent faire qui leur donne de l'application, et qu'il n'y a que l'application qui fasse acquérir du mérite, d'où vient l'estime et la réputation, seules choses nécessaires à un homme d'honneur, — il est nécesssaire que mon fils cherche en lui-même et au dehors tout ce qui peut lui donner du plaisir dans les fonctious de sa charge... C'est la volonté qui donne du plaisir à tout ce que l'on doit faire, et c'est le plaisir qui donne l'application. »

§ 3.

Donc le travail n'est pas un mal, et il procure par lui-même de véritables satisfactions.

Mais, en outre, comme nous l'avons dit, le travail est une *nécessité de moyen*, c'est-à-dire que, pour la majeure partie de l'humanité, il est, sous diverses formes, la condition essentielle de la satisfaction de nos différents besoins.

A ce point de vue, le travail constitue une source indirecte de bonheur, qui lui donne de nouveaux titres à être considéré non comme un mal, mais comme un précieux instrument de bonheur.

Le travail est même la base la plus sûre sur laquelle nous puissions établir l'édifice de notre prospérité et de notre félicité.

Tous les penseurs qui ont scruté avec clairvoyance la fragilité et les vicissitudes des choses terrestres sont unanimes à déclarer que pour tout être humain, quel qu'il soit, quelque situation qu'il occupe, le bonheur qui présente les plus solides garanties de durée, c'est celui qui repose sur le travail, — parce que le travail inspire la *sérénité*, facilite la *modération des désirs*, et donne surtout la *quiétude*.

Franklin est le moraliste qui a le mieux saisi et le mieux exprimé cette influence particulière et considérable du travail sur le bonheur.

Cette idée domine, notamment, dans ces deux maximes :

« Que signifient les désirs et les espérances de temps plus heureux ? Nous rendrons le temps meilleur si nous savons agir. Le travail n'a pas besoin de souhaits. Celui qui vit d'espérance court risque de mourir de faim.

« La faim regarde à la porte de l'homme laborieux, mais elle n'ose pas y entrer. »

D'ailleurs, cette conception, est aussi ancienne que l'humanité. Les bienfaits du travail, les maux qu'entraînent l'oisiveté et l'indolence, ont été reconnus dès l'origine des sociétés, et le Sage par excellence, celui qui déclarait qu'*il n'y a rien de nouveau sous le soleil*, le roi Salomon lui-même, écrivait dans ses *Proverbes* :

« Vous dormirez un peu, vous sommeillerez un peu, vous mettrez un peu vos mains l'une dans l'autre pour vous reposer ;

« Et l'indigence viendra se saisir de vous, comme un homme qui marche à grands pas ; — et la pauvreté, comme un homme armé, s'emparera de vous. »

§ 4.

Il ne faut pas demander au travail plus qu'il ne peut donner.

Il est une nécessité de moyen pour satisfaire nos besoins légitimes, et s'il répond à ce but d'une manière plus ou moins parfaite, c'est tout ce que nous pouvons exiger de lui.

Si, par surcroît, il nous donne le superflu, réjouissons-nous de l'augmentation de notre bien-être, donnons-nous la satisfaction de consacrer une part de ce superflu à ceux qui sont moins favorisés que nous, mais gardons-nous de nous créer de nouveaux besoins artificiels qui deviendraient pour nous une source de maux, si le travail, éventuellement, venait à être moins productif.

Il est des choses qui peuvent nous être agréables, mais dont nous n'avons pas réellement besoin. C'est de celles-là que Claude-Bernard disait :

— Je n'ai jamais besoin de ce qui me manque.

D'autre part, pour éviter toute déception, n'ayons pas l'illusion de croire que le travail, même le plus assidu, nous procurera infailliblement tout ce qui nous est nécessaire.

Le travail est la meilleure garantie du bonheur, mais il n'en est pas une garantie absolue, — pour cette raison primordiale qu'il ne faut jamais perdre de vue, c'est qu'il n'y a rien d'absolu ici-bas.

Le malheur peut donc atteindre le travailleur le plus consciencieux, le plus attaché à ses devoirs. Il peut y avoir de sa faute, — mais cette éventualité peut aussi se produire sans qu'en apparence, il l'ait méritée.

Va-t-il se révolter contre cette sévérité du sort ? A quoi bon ?

Mieux vaut que, pour la misère, comme pour la maladie, il prenne son malheur en patience, qu'il se résigne à l'inévitable, et qu'il attende, du temps et surtout de ses efforts inlassables, la fin de ses maux.

« Il n'y a rien au monde qui se fasse tant admirer, dit Sénèque, qu'un homme qui sait être malheureux avec courage. »

J'ajouterai qu'il n'y a rien de plus sage.

Dans tous les cas, mieux vaut rester pauvre, et même misérable, que de devoir la prospérité à un autre moyen que le travail, — s'il faut pour cela sacrifier sa dignité d'homme et son honnêteté.

Le contentement de soi-même, le respect de soi-même, la satisfaction de soi-même, voilà quel est, — nous le démontrerons, — *le plus grand des biens*.

C'est pourquoi, dans cette question de l'origine de la fortune, il n'y a rien à changer à ces paroles de Heinzelmann :

« Soyez pauvre et continuez à l'être, jeune homme, tandis qu'autour de vous les autres deviennent riches par la fraude et la trahison. Restez sans place et sans pouvoir, tandis que les autres mendient leurs positions élevées. Supportez la peine du désappointement de vos

espérances, tandis que les autres obtiennent l'accomplissement des leurs, au moyen de la flatterie. Abandonnez
l'étreinte gracieuse de la main que les autres recherchent
en rampant et en faisant des bassesses. Enveloppez-
vous de votre vertu ; *travaillez* à trouver un ami et
votre pain de tous les jours. Et si, dans une telle
traversée de la vie, vous êtes arrivé à grisonner avec
l'honneur intact, bénissez Dieu et mourez content. »

§ 5.

Le bien-être matériel, qu'il soit héréditaire ou conquis
par le travail, est certainement une condition favorable
au bonheur, du moment qu'il sert de base à la *sérénité*
et à la *quiétude,* et qu'il ne nuit pas à la modération
des désirs.

Mais il ne faut pas nourrir l'illusion que le bien-être
que l'on possède soit inamissible. Il n'y a pas au
monde de fortune qui soit complètement à l'abri des
coups de la destinée.

Aussi, lors même que l'on aurait, dès ses premières
années, soit de l'aisance, soit de la richesse, est-il bon
d'apprendre une profession ou un métier, afin d'être en
état de gagner sa vie si l'on venait à perdre un jour
cette aisance ou cette richesse.

Les ruines ou les diminutions de fortune sont extrêmement fréquentes. On arrive à l'âge mûr, on ne
possède plus rien, on n'a aucune profession lucrative,
on ne sait rien faire d'utile... On en est donc réduit à
vivre de la générosité d'autrui, ou à demander au

gouvernement un emploi qu'on n'obtient pas toujours. D'ailleurs, à quel titre l'a-t-on mérité ?

A notre époque, on a une tendance à considérer les fonctions publiques comme un refuge pour les imprévoyants et les incapables. Or, les emplois ne sauraient être accordés avec justice à ces épaves sociales, au détriment de ceux qui se sont préparés de bonne heure à les remplir et qui ont rendu des services. Un oisif ruiné, s'il ne s'est pas préparé à être en état de se soutenir par lui-même à tout évènement, n'est pas injustement puni.

La possession d'un certain capital est, avec une profession, l'une des conditions favorables à l'indépendance. Il est donc recommandable de s'efforcer sans cesse d'en constituer un qui soit suffisant pour l'époque éventuelle où l'on ne pourra plus vivre exclusivement de son travail. C'est sagesse, que de ne pas se laisser surprendre par des événements rendant incapable, pour un temps ou définitivement, d'un travail lucratif. Quelque jeune et fort que l'on soit, il faut toujours redouter les chômages forcés, les maladies, et, — si l'on à une famille, — la mort, qui la laisserait sans ressources.

Avant toute dépense de plaisirs et de luxe, il importe donc de songer à acquérir par l'économie un capital.

Sacrifier une partie du présent à l'avenir est, en toutes choses, une loi de sagesse que peuvent seuls dédaigner les esprits légers et imprévoyants.

Semblable préoccupation ne serait à blâmer que si, hypnotisés par l'avenir, nous en arrivions à ne plus jouir du présent, et à nous refuser toutes satisfactions actuelles. Elle serait plus blâmable encore, si elle était inspirée par cette aberration dont nous avons déjà signalé l'erreur fondamentale : le désir de vivre *sans rien faire* dès que l'on en aura les moyens.

Il n'est pas, d'ailleurs, absolument nécessaire que l'on ait en vue un capital important. Qu'il puisse suffire à une vie modeste, même dans un village, et dès qu'on l'aura acquis, — sans s'empresser de *ne rien faire*, on jouira de cette *sérénité*, de cette *quiétude*, qui sont si utiles pour goûter le bonheur relatif que procure ici-bas la modération des désirs.

Les « assurances » sont un moyen de former des capitaux ; mais elles ne dispensent pas de faire d'autres placements.

Il n'est pas prudent de se fier à des placements à hauts intérêts. Généralement, plus les intérêts sont élevés, plus la somme placée est exposée à des risques de perte.

Comme on le voit, la santé, le bien-être matériel constituent, à nos yeux, de réels éléments de bonheur.

Et comment pourrait-il en être autrement? Ce n'est que par la possession des biens qui conviennent à sa nature que l'homme peut être heureux. Ce qui nous touche, ce qui nous émeut, ce qui nous réjouit, c'est ce qui répond le mieux à nos besoins, à nos désirs, à nos affections.

Cela prouve bien que c'est en nous-mêmes et non dans les objets extérieurs que gît le principe initial de nos joies et de nos peines. Les choses n'éveillent d'échos en nous que si elles s'adaptent aux particularités de notre nature.

La possession du bien-être n'est nullement inconciliable avec la *modération des désirs*. Celle-ci est toute relative et doit se proportionner à la condition de chacun.

Néanmoins, d'une manière générale, même dans la prospérité, il vaut mieux *simplifier sa vie* que la compliquer.

Charles Rozan exprime parfaitement cette idée, lorsqu'il écrit [1] :

« Moins on met dans sa vie d'éléments étrangers, plus on a de chance de la rendre supportable et douce. C'est en cherchant le contentement en soi et le plus près possible de soi qu'on parvient à l'établir sur des bases durables. Tous ceux qui ont voulu varier ou multiplier leurs plaisirs, se sont mis forcément dans la dépendance des autres. Ils ont inutilement éparpillé leur vie en aliénant le plus précieux de tous les biens, la liberté. Demander au monde, à son tourbillon, à ses ivresses, la nourriture de chaque jour, c'est faire le vide dans son esprit et dans son âme. C'est dire à la frivolité : « Je t'appartiens sans partage ; désormais je ne pourrai plus me passer de toi. »

En conséquence, voulez-vous être de plus en plus heureux ? Appliquez-vous à rendre votre vie de plus en plus simple.

Ne marchez pas les yeux fermés sur plusieurs buts à la fois. Choisissez le meilleur, c'est-à-dire celui que

---

[1] *Le Jeune Homme.* Lettres d'un ami.

les conseils des gens qui vous aiment, les circonstances, vos forces, vous désignent comme celui qui est le plus naturellement à votre portée. Lorsque vous l'aurez choisi, persévérez dans la ferme volonté de l'atteindre.

Tendez vers lui sans précipitation, mais sans relâche, et par les seuls moyens qu'approuve une conscience pure, en suivant un seul chemin, le plus direct;

Autant qu'il dépend de vous, ne souffrez point dans votre âme de longues incertitudes : les esprits qui s'entourent de brouillards perpétuels ne sauraient être heureux. Considérez attentivement, un à un, tous vos doutes. N'en laissez passer aucun sans avoir épuisé tous les moyens de le dissiper et de l'anéantir : allez droit aux causes.

Quant à vos désirs et à vos passions, réduisez-en le nombre le plus qu'il vous sera possible. Prenez la hache, élaguez toutes les branches parasites : le temps cicatrisera vite ces blessures utiles.

Ne cherchez vos plaisirs qu'aux sources simples, profondes, permanentes. Aimez la nature : heureux celui qui ne se lasse point d'admirer la beauté des campagnes et des bois, les magnificences de la lumière et des nuages, les paisibles splendeurs d'un ciel étoilé! N'aimez, dans les arts, dans les lettres, que ce qui est véritablement beau. Ne vous laissez point séduire par les applaudissements passagers qu'un goût équivoque donne au médiocre, au maniéré, au faux. Cultivez en vous les généreuses curiosités de l'intelligence. Entretenez avec un prudent respect le mystérieux foyer de l'enthousiasme pour le beau, le vrai, le juste. C'est là notre richesse réelle et inépuisable.

N'ayez qu'un petit nombre d'amis. Sachez supporter leurs imperfections comme ils supportent les vôtres à votre insu. Aimez-les sincèrement. Soyez-leur fidèle. Une des sources du bonheur est dans les affections solides et éprouvées.

Que le bonheur soit dans la vie simple, c'est ce qui résulte d'une foule de témoignages qui suffiraient à eux seuls pour remplir ce volume.

En voici un, que nous reproduisons de préférence, parce qu'il émane de cet homme d'une sincérité absolue, parfois brutale, que fut le grand peintre Ingres.

Après une maladie, qu'il avait mise à profit pour lire les plus belles œuvres littéraires, il écrivait à son ami, M. Gilbert de Montauban :

« Vivre sagement, borner ses désirs et se croire heureux, c'est l'être ! Vive la médiocrité ! C'est le plus heureux état de la vie. Le luxe corrompt les délicieuses qualités du cœur, car, plus on a, plus on veut avoir. Au contraire, sans les stupides dissipations du monde, on vit heureux avec un petit nombre d'amis faits par inclination. Les lettres, les connaissances humaines occupent les instants et vous rendent un homme autrement que le vulgaire. Les sources de ces jouissances, tu le sais, sont inépuisables. Voilà donc, selon moi, l'homme heureux, le vrai sage et le vrai philosophe. »

Voici, sur la même question, l'opinion d'un grand savant anglais, sir John Lubbock :

« Jamais encore personne n'a été rendu complètement malheureux que par sa faute. Nous sommes, sinon les maîtres, en tous cas, presque les créateurs de nous-mêmes.

« Pour la plupart des hommes, ce ne sont pas tant les grands chagrins, la maladie ou la mort, mais plutôt les petites agonies quotidiennes qui voilent de nuages le soleil de la vie. Beaucoup des tourments de cette existence sont insignifiants en eux-mêmes et pourraient être évités aisément. Presque toujours, comme la maison serait heureuse, n'étaient les sottes querelles, ou les malentendus, les « mésintelligences » si bien nommées.

« C'est notre propre faute si nous sommes querelleurs ou d'humeur chagrine. Encore moins devrions-nous admettre, quoique ceci soit moins aisé, que l'esprit querelleur et l'humeur chagrine des autres puissent nous rendre malheureux.

« Presque tout ce dont nous souffrons, nous nous le sommes attiré nous-mêmes, sinon par des fautes présentes, du moins par ignorance ou insouciance.

« Il est relativement rare que les peines viennent à nous, c'est nous qui allons à elles. Non seulement nous souffrons beaucoup par anticipation, mais souvent nous nous rendons nous-mêmes malheureux, dans la crainte de malheurs qui, après tout, n'arrivent pas.

« Nous devrions agir de notre mieux et attendre avec calme l'événement. Pourquoi nous imposer une immense charge de tourments inutiles; pourquoi nous encombrer, si l'on peut dire, dans le voyage de la vie, du poids mort d'un bagage de luxe. Souvenons-nous du

mot si charmant et si vrai de Bacon : « Lorsqu'un
» homme complique son équipage, il raccourcit ses
» ailes. »

Ce bonheur simple, qui est le vrai bonheur, n'est
pas, quelque modeste qu'il soit, à l'abri des vicissitudes.
Les douces habitudes qu'il nous donne, s'emparent
de notre être, et nous éprouvons beaucoup de peine à
rompre avec elles. Cependant, lorsque les circonstances
l'exigent, il faut savoir faire ce sacrifice, dans l'intérêt
même de notre propre bonheur et de celui des personnes
que nous aimons.

On voit souvent des personnes souffrir et faire souffrir
leurs familles de la gêne ou même de la misère, parce
qu'elles n'ont pas le courage de changer d'habitudes,
de relations, ou de résidence. C'est là une condition
d'infortune volontaire qui est autant à blâmer qu'à
plaindre.

Nous citerons l'exemple d'une bonne dame âgée qui,
dans ses dernières années, n'avait qu'un très petit
revenu. Veuve, sans enfants, elle avait tout d'abord
quitté Paris pour se retirer dans un bourg peu éloigné,
où elle avait trouvé le moyen de vivre sans de grandes
privations, et même de faire un peu de bien autour
d'elle. Le pays était agréable, l'air pur ; ce séjour lui
était salutaire et aurait sans doute prolongé sa vie. Mais
elle avait passé de nombreuses années dans une de ces
petites rues voisines du Palais-Royal, bruyantes, humides,
où aucun rayon de soleil ne pénètre jamais. Elle regret-
tait sa chambre sordide à l'entresol, le roulement des
voitures, les cris des marchands de passage, et la

proximité du jardin où elle allait s'asseoir sur un banc de pierre. Les regrets l'emportèrent sur sa raison : elle revint à Paris ; une nourriture insuffisante et malsaine lui coûta plus que celle du bourg. Non seulement elle en vint à ne plus pouvoir secourir personne, mais elle tomba peu à peu elle-même dans l'extrême misère. Son enterrement fut celui des pauvres. Le cœur n'avait été pour rien dans sa triste résolution ; elle avait cédé à une impulsion toute matérielle, la force de l'habitude, qu'elle n'avait pas su vaincre.

Voici quelles seront les conclusions de ce chapitre :

Le bien-être matériel est favorable au bonheur, parce que, sans nuire à la *modération des désirs*, il nous donne la *sérénité* et la *quiétude*.

Il donne, vis-à-vis des autres hommes, l'indépendance et la sécurité.

Il procure la possibilité de consacrer plus de temps à l'instruction, au goût des arts, aux voyages, — en un mot au développement de l'individualité.

Il est une garantie de la moralité, ou du moins diminue considérablement les risques de faillir.

Mais il peut se réduire au strict nécessaire sans que notre bonheur doive en souffrir, et même si nous en sommes privés, la résignation et l'espoir doivent maintenir la sérénité dans notre âme.

Nous nous éloignons, on le voit, de toutes les exagérations et de tous les lieux communs que l'on a débités sur la richesse, les honneurs, le pouvoir, et d'une manière générale sur tous les biens matériels.

Par eux-mêmes, ce ne sont ni des biens, ni des maux. Tout dépend de l'usage que nous en faisons.

Le bien-être peut concourir au bonheur, mais il n'est pas indispensable.

Les honneurs, le pouvoir, la gloire, sont beaucoup moins utiles au bonheur, et peuvent être, au contraire, la source de cuisants soucis.

Certes, chacun se fait un idéal de la félicité, et court amoureusement après sa chimère.

Heureux celui qui a limité cet idéal à la vie simple, calme, et qui se contente des joies ordinaires que nous apporte la vie de chaque jour, car c'est lui qui a le plus de chance d'atteindre son but, de réaliser son rêve.

Et même s'il ne le réalise pas entièrement, même si sa modeste existence est sujette à des épreuves, — du moins ne subira-t-il pas les cruelles désillusions que provoque l'avortement des désirs démesurés.

CHAPITRE VII

Conditions intellectuelles
du Bonheur

§ 1er

Relativement au rôle que joue le degré de développement des facultés intellectuelles et de l'instruction, dans le bonheur, on a émis des idées absolument contradictoires qui ont toutes le grand tort d'être trop absolues.

Les uns prétendent que la simplicité d'esprit et l'ignorance sont des gages assurés de bonheur ; — les autres affirment, au contraire, que seule la culture de l'esprit peut donner aux hommes la somme complète de satisfactions auxquelles ils peuvent aspirer ici bas.

Il y a, dans ces deux opinions opposées, du vrai et du faux.

D'une part, il est parfaitement vrai que la *modération des désirs*, condition par excellence, nous l'avons vu, de la possession du bonheur relatif, est favorisée par les limites de l'intelligence et de l'instruction. Les joies faciles des enfants et des jeunes gens proviennent justement de ce que l'horizon de leurs désirs est borné, et qu'ils n'ont pas de soucis, parce qu'ils n'ont pas encore une claire vue, une notion exacte des difficultés de la lutte pour l'existence.

Chaque expérience que nous faisons, chaque vérité nouvelle que nous découvrons éclaire notre intelligence, mais augmente en même temps le cercle de nos convoitises et le nombre de nos appréhensions.

On peut dire que nos inquiétudes augmentent dans la même proportion que notre clairvoyance.

Les psychologues se sont fort bien rendu compte de cet état d'âme que produit la connaissance poussée à l'extrême des mille vicissitudes qui menacent notre existence et notre félicité, lorsque l'attention s'y fixe avec persistance. Il en résulte une obsession continuelle qui dégénère en manie et qui empoisonne l'existence.

Les écrivains moralistes ont montré, par des exemples saisissants, l'absurdité de cette préoccupation poussée à l'extrême.

C'est l'histoire de cet anatomiste, qui s'étant rendu compte de la finesse et de la fragilité excessive des dernières ramifications de nos vaisseaux sanguins et de nos nerfs, n'osait plus faire un mouvement, de peur d'en amener la rupture, sans que la vue quotidienne des écoliers du voisinage jouant violemment à saute-mouton parvint à le guérir de cette folie.

C'est l'amusante fantaisie de Jean-Paul Richter, relative à ce savant qui, ayant recherché tous les dangers qui pouvaient menacer son existence, avait même prévu le cas de la chute possible d'un aérolithe sur son crâne chauve, — bien que le fait ne se soit jamais produit depuis qu'il y a des savants et des aérolithes.

L'accroissement de nos connaissances n'augmente pas seulement nos inquiétudes, — il augmente aussi nos besoins.

Ignoti nulla cupido ! est un axiome de psychologie d'une vérité incontestable ; il signifie qu' « on n'a pas de désir de ce que l'on ne connaît pas. »

C'est, nous l'avons déjà vu, ce qui explique la modération des désirs de l' « âge heureux ». C'est pour la même raison que les peuples primitifs se contentent de peu, et n'en goûtent pas moins toutes les satisfactions du bonheur relatif.

A mesure que les connaissances se développent, que les goûts se raffinent, naissent de nouveaux besoins, besoins factices, mais non moins exigeants que les besoins primitifs inhérents à notre nature ; et pour les satisfaire, les hommes s'imposent à eux-mêmes un surcroît d'efforts, de privations, de peines, de soucis.

Cela est bien visible, notamment, dans l'histoire des populations indigènes de la côte occidentale d'Afrique qui, lors de la découverte, se contentaient parfaitement des riches productions végétales du pays, et auxquels les Européens ont apporté, entre autres nouveaux désirs, la passion des boissons alcooliques, le goût des verroteries et de la bimbeloterie, etc.

Les phrases toutes faites sur les « bienfaits de la civilisation » n'ont rien à voir ici. Ce n'est pas pour *civiliser* les nègres qu'on leur a donné de nouveaux besoins, — c'est pour exploiter ces besoins au profit de l'écoulement de la pacotille de fabrication européenne.

Pour acheter de l'eau-de-vie, les nègres vendaient leurs voisins, leurs parents, leurs propres enfants. Singulier effet de leur contact avec la civilisation.

Il ne faut pas se payer de mots : à aucune époque de l'histoire, l'expansion des races civilisées n'a eu pour objet de *civiliser* les races inférieures. Son seul but a été de les *asservir*, de les *exploiter*, de conquérir de nouvelles richesses.

Il en est résulté, par contre-coup, un progrès général de la civilisation, parce que la civilisation est une modalité sociale essentiellement variable, qui suit les fluctuations des événements humains.

Ce que l'on désigne emphatiquement sous le terme vague et général de *civilisation*, est un état social tout à fait relatif, et qui comporte bien des degrés, bien des vicissitudes, parce qu'il est sous la dépendance étroite de tous les faits, de tous les accidents, à travers lesquels se déroule l'histoire de l'humanité.

Les sociologistes systématiques qui considèrent toutes choses à un point de vue *absolu*, et par conséquent *faux*, voient dans la civilisation une magnifique évolution triomphale qui se poursuivra tant que durera l'humanité, sans interruptions et sans régressions.

Les réalités humaines ne répondent nullement à cette conception.

Des civilisations florissantes ont complètement disparu, ne laissant que de rares vestiges de leur ancienne splendeur : telles furent Ninive, Babylone, l'Egypte, la Grèce de Périclès, la Rome d'Auguste, bien d'autres encore, moins connues de la masse des lecteurs, mais que l'archéologue reconstitue.

Même les civilisations actuelles, — car la civilisation par excellence, la civilisation unique n'existe que dans l'imagination des utopistes, — même les civilisations actuelles, dis-je, ont leurs alternatives de progrès, et de reculs, parce qu'elles sont soumises à toutes les répercutions des évènements politiques et sociaux, — à tous les courants d'idées et de mœurs, — à toutes les législations de circonstance inspirées par les passions sectaires.

On ne peut certainement considérer comme étant *en progrès* une nation civilisée où la lutte des partis aboutit à la désagrégation de toutes les institutions sur lesquelles reposent la sécurité et la paix intérieure du pays ; — où l'autorité, au lieu de garantir le maintien du bon ordre envers et contre tous, s'appuie, au contraire, dans l'espoir de se perpétuer, sur tous les éléments de désordre, excite les haines de classes, les conflits sectaires, et ne se préoccupe que de vivre au jour le jour, au détriment des intérêts primordiaux de l'Etat.

Dans ce dernier cas, c'est la civilisation elle-même qui est menacée par le déchaînement des instincts brutaux auxquels on a lâché la bride après les avoir surexcités.

Lors donc qu'on nous parle élogieusement de la civilisation, — il faut s'entendre, et bien préciser de quelle sorte de civilisation il s'agit, car on peut la comprendre de bien des manières.

De même lorsqu'il est question, — et c'est un lieu commun dont on ne craint pas d'user et d'abuser — des « bienfaits de la civilisation ».

La civilisation est-elle un bienfait ? C'est une question qui peut être controversée sans paradoxe.

En réalité, par elle-même, la civilisation est tout simplement une forme, une phase de l'évolution sociale. Comme tous les états sociaux, elle comporte des avantages et des inconvénients.

Ce qui importe, c'est de savoir si, balance faite des biens et des maux que nous vaut la civilisation, l'humanité se trouve, au point de vue du bonheur, en bénéfice ou en perte.

Jean-Baptiste Say, qui a eu une notion très claire de la façon dont se pose ce problème, le résout de la manière suivante, en faveur de la civilisation :

« La civilisation multiplie nos besoins, mais, en même temps, elle nous fournit les moyens de les satisfaire; et une preuve que les biens qu'elle nous offre sont proportionnellement supérieurs à ceux qui naissent de tout autre mode d'existence, c'est que chez les peuples civilisés, éclairés et industrieux, non seulement un bien plus grand nombre de personnes sont entretenues, mais chacune d'elle est entretenue avec plus d'abondance que dans toute autre situation. Quelle nation civilisée voit, dans des moments de disette, périr de faim et de misère la moitié de sa population, comme il y en a eu des exemples chez les peuples barbares? Il faut donc, généralement parlant, qu'il s'y trouve, plus de ressources. »

On voit que l'argumentation de Jean-Baptiste Say se rapporte uniquement au bien-être matériel qui, nous l'avons déjà dit, est favorable au bonheur, mais qui ne constitue par le bonheur lui-même.

On pourrait objecter à cet économiste que la civilisation n'a pas abouti à une plus égale répartition du bien-être, qu'elle n'a nullement supprimé la misère, et qu'elle semble, au contraire, l'avoir exacerbée, l'avoir rendue moins tolérable, en multipliant les jouissances matérielles pour les favorisés de la fortune, et en dépouillant les déshérités même des consolations morales qui leur restaient.

Il y a lieu de se demander si les bienfaits matériels de la civilisation ne sont pas compensés et au-delà par l'accroissement d'acuité de la lutte pour l'existence, par la multiplication des besoins factices, et surtout par la perte des sentiments de sagesse, de moralité et de religion qui rendaient à tous la vie supportable et même heureuse, en dépit de l'absence de ces jouissances physiques exagérées, maladives dont se repaissent nos contemporains, et dont nos pères savaient fort bien se passer, sans éprouver de ce fait la moindre privation douloureuse.

Cette balance est difficile à établir. Elle dépend beaucoup des points de vue. Nous, qui sommes ennemis de toute affirmation absolue ou hasardée, nous nous contenterons de conclure :

. La civilisation, par elle-même, n'a peut-être apporté ni biens réels, ni maux inévitables. Tout dépend de la manière dont nous envisageons ses œuvres, et de celle dont nous nous comportons vis-à-vis d'elle. L'homme, croyons-nous, peut être heureux, quelles que soient les modalités sociales.

La civilisation facilite certaines conditions du bonheur, — elle en rend d'autres moins accessibles. Il faut profiter avec sagesse des facilités qu'elle nous offre, — et redoubler d'efforts pour surmonter les obstacles qu'elle nous oppose.

Comme il ne dépend pas de nous de modifier le cours de la civilisation, le plus sage est de nous adapter le mieux possible au milieu qu'elle nous a fait.

En toutes choses, pour être heureux, il ne faut pas heurter de front l'Inévitable, mais s'ingénier à se faire, en toute circonstance, une vie exempte de soucis, et aussi féconde que possible en satisfactions de toutes sortes.

§ 2.

Ces considérations sur les conditions de bonheur qui dépendent de la civilisation sont étroitement liées à celles que font l'objet principal de ce chapitre, savoir : les conditions intellectuelles du bonheur.

En effet, il y a parallélisme complet entre le développement intellectuel de l'humanité et le développement de la civilisation ; ce sont deux aspects différents d'un même phénomène : l'évolution de l'activité humaine.

Aussi, les psychologues qui ont considéré la civilisation comme plus nuisible qu'utile au bonheur, — ont-ils invoqué les mêmes arguments contre l'accroissement de l'intelligence et de l'instruction.

Nous avons vu, au début du paragraphe 1 de ce chapitre, — que cette opinion, beaucoup trop absolue, repose néanmoins sur une vérité incontestable : la modération des désirs résultant de la possession d'un esprit simple, et qui fait trouver le bonheur dans une vie simple.

L'erreur consiste encore ici dans une étroitesse de point de vue qui porte à croire que l'instruction, capable d'augmenter les désirs, n'est pas capable en même temps de fournir des moyens de les réprimer.

Que de fausses affirmations résultent· de ce travers, déjà signalé, qu'ont tant d'esprits à ne voir qu'un seul côté des choses.

Il y a l'exagération contraire. C'est celle des psychologues qui se figurent que l'aptitude au bonheur croît proportionnellement au développement des facultés intellectuelles.

C'est une erreur flagrante.

L'aptitude au bonheur reste toujours la même, parce que le bonheur ne dépend pas directement des développements de nos facultés mais de l'usage que nous en faisons.

Les animaux sont aptes à être heureux, de ce bonheur relatif qui est notre propre lot ici-bas. Nous en avons quotidiennement des exemples sous les yeux. Ce chien qui reçoit, les yeux fermés, la peau frissonnante, les caresses de son maître, est parfaitement heureux. Cet oiseau, qui se baigne en pépiant, est heureux. De même ce grand bœuf, qui, couché dans l'herbe, rumine paisiblement, les yeux perdus dans le vague.

En quoi un surcroît d'intelligence augmenterait-il le degré de ces satisfactions conformes à la nature de chacun d'eux.

L'abbé Delille a traduit ainsi, très littéralement, un vers bien connu de Virgile :

Heureux l'homme des champs, *s'il connaît son bonheur !*

Le premier hémistiche de ce vers exprime une grande vérité, — mais le second est complètement erroné.

Non seulement l'homme des champs n'a pas besoin de *connaître son bonheur* pour en jouir, — mais, au contraire, moins il le raisonnera, mieux il en jouira.

Il est visible que nous nous trouvons de nouveau ici en présence de l'éternel dilemme entre la vie primitive, agreste, procurant un bonheur réel, même s'il est inconscient, — et la vie intellectuelle, résultant d'un état social plus raffiné. C'est une des formes du problème soulevé entre l'organisation sociale primitive et la civilisation.

Ici encore, nous nous garderons des solutions absolues, et nous dirons :

1° Que la vie des champs, aussi bien que la vie intellectuelle, peut procurer le bonheur ;

2° Que, pour être heureux, le développement des facultés intellectuelles n'est pas indispensable, mais qu'il n'est pas non plus né... airement nuisible ;

3° Enfin, qu'il n'existe aucune incompatibilité entre ces deux formes de bonheur, et que l'on peut très bien concilier la vie simple des champs avec les satisfactions intellectuelles.

Cette troisième solution nous paraît même être celle qui est susceptible de procurer la plus grande somme de bonheur.

Cette dernière constatation n'est pas inutile à une époque comme la nôtre, où l'attraction des villes fait de plus en plus abandonner les campagnes.

Ce phénomène, qui constitue, aux yeux des hommes d'état sérieux, un grave problème social, — n'est pas moins important au point de vue du bonheur.

Il est un démenti formel opposé par les faits, aux psychologues qui prétendent que la diffusion de l'instruction est favorable au bonheur.

Ah! certes! Ce n'est pas en elle-même que l'instruction est nuisible, — c'est par la façon dont elle est donnée, dont elle est comprise, et dont elle agit sur les âmes.

Or, l'instruction, telle qu'elle est donnée à l'enfance et à la jeunesse, a pour résultat fatal de fausser les esprits au lieu de les éclairer. Elle les repaît de mots, que l'imagination affuble des significations les plus incohérentes. Elle transporte les enfants dans une sorte de monde idéal, qui n'est pas celui où ils vivent, et où ils ne trouvent aucun principe d'action, capable de le diriger dans l'existence de chaque jour. Tout ce qu'on leur enseigne ne ressemble à rien de ce qu'ils voient.

9

Leurs manuels d'instruction *morale (?)* et *civique (1)*, tendent non à en faire des hommes heureux ou des citoyens utiles, mais des électeurs convaincus de l'infaillibilité du dogme politique, et de l'intangibilité de la forme gouvernementale, imposés l'un et l'autre par les individualités qui occupent provisoirement le pouvoir.

Non seulement on ne fait rien pour leur faire comprendre que l'on peut être heureux dans n'importe quelle condition sociale, *et surtout aux champs*, mais tout concourt, au contraire, à les détourner de la vie simple et du contentement de soi-même. Encore sur les bancs de l'école primaire, on leur prêche l'ambition de parvenir aux plus hautes positions, puisque dans notre démocratie « ouverte à tous les talents, à toutes les bonnes volontés, ces positions sont accessibles *à tout le monde!* » On souffle dans leur cœur la convoitise pour le bien-être, les jouissances, l'oisiveté, puisque « la société est en marche vers un idéal de justice et de répartition équitable des richesses, qu'elle atteindra nécessairement en vertu des lois inéluctables de progrès indéfini qui résident en elle. »

Fi de la charrue! quand on a la perspective du « progrès indéfini. »

Fi de la campagne! puisque des « lois inéluctables » travaillent pour nous.

Fi même du travail! puisque voici venir « la répartition équitable des richesses. »

Tel est l'enseignement malfaisant auquel l'État a décidé que n'échapperait aucun de nos enfants.

Nous voudrions qu'ils soient heureux, nos enfants !
Nous voudrions développer en eux tous les germes
susceptibles de leur préparer une vie calme, douce,
aussi pleine que possible de contentements, aussi
exempte que possible de soucis.

L'État ne le veut pas ! Nos enfants ne nous appartiennent pas ! Ils ne s'appartiennent pas eux-mêmes !
Ils appartiennent à l'État minotaure qui, *pour durer*
(et c'est là l'important, n'est-ce pas ?), a besoin du
sacrifice de leur bonheur à tous !

Voilà pourquoi, au lieu de développer en eux des
cœurs simples, il importe d'en faire des assoiffés de
jouissances, qu'on leur promettra pour un avenir toujours fuyant, à la condition qu'en échange, et tout de
suite, ils donnent leurs votes aux prévoyants éducateurs
des futures générations électorales.

Pères et mères ! qui avez à cœur le bonheur de vos
enfants plus encore que votre propre bonheur, écartez
d'eux, par tous les moyens qui seront en votre pouvoir,
cet enseignement pernicieux, qui fausse complètement
chez eux, l'idée nette que nous avons de la vraie félicité
dans ce monde et dans l'autre.

C'est au bonheur de la vie future que songeait
Blanche de Castille lorsqu'elle disait à Saint Louis enfant :

— Mon fils ! J'aimerais mieux vous voir mort que
coupable d'un seul péché mortel.

En ce qui concerne le bonheur d'ici-bas, il vaudrait
mieux pour vos enfants qu'ils fussent infirmes ou
malades qu'infectés par le virus de l'enseignement officiel.

S'il vous est absolument impossible de les en sauve-
garder, combattez du moins cette influence délétère,
dans la plus large mesure, par vos propres enseignements
ou par celui de personnes en lesquelles vous avez mis,
avec prudence, votre confiance.

L'esprit et le cœur de nos enfants, — c'est une cire
molle et plastique où les fausses notions ne pourraient pas
laisser de profondes empreintes si nous avions soin de
les extirper au fur et à mesure qu'on les leur inculque.

Leur petite tête raisonne déjà fort bien, et ils auront
tôt fait, pourvu qu'on les y aide, de comprendre la
différence de valeur pratique qu'il y a entre les enseignements de leurs parents qui les aiment, ou d'éducateurs choisis volontairement par leurs propres parents,
— et les maximes que débitent, conformément aux
programmes officiels, des fonctionnaires imposés par
l'Etat.

Ils auront vite compris que l'enseignement officiel est
un mal nécessaire, et ils n'en retiendront que tout
juste ce qui est utile à leur instruction sans nuire à
leur âme.

On voit que lorsqu'on pose cette question : le développement intellectuel et l'instruction sont-ils utiles au
bonheur?... Il y a lieu de faire une distinction.

La réponse dépend, en effet, de la *qualité* de
l'instruction dont on parle.

S'il s'agit d'une instruction qui, au lieu d'apprendre
à l'enfant le vrai rôle qu'il doit remplir sur la terre,
attache tous ses soins à le tromper sur ses droits et sur

ses devoirs et à exciter en lui les aspirations les plus insensées, — bien loin d'être *utile*, cet enseignement est le plus *nuisible* que l'on puisse concevoir au point de vue du bonheur.

S'agit-il, au contraire, de développer chez l'enfant les dons naturels, d'éclairer son esprit, de former son cœur, de façon à ce qu'il acquière la notion exacte *de ce qu'il est, de ce qu'il peut faire et espérer*, oui, cet enseignement sera fécond en résultats utiles pour la félicité.

Comme on le voit, nous ne tombons pas dans le travers de ceux qui proclament, d'une manière absolue : *L'instruction est un bien ! L'instruction est un mal !*

Non, l'instruction est *bonne* ou *mauvaise*, suivant l'esprit qui l'anime, suivant le but qu'elle poursuit.

Elle est *bonne* si elle tend à orienter l'esprit et le cœur des enfants dans la voie la plus sûre, conduisant au bonheur relatif, tangible, actuellement réalisable sur la terre.

Elle est *mauvaise* si, obéissant à des préoccupations politiques, elle introduit dans l'âme des enfants un idéal de bonheur qui n'est nullement conforme à leur nature et à leur situation, et des rêveries irréalisables.

§ 3.

La seule conception logique, rationnelle, pratique, qui doive résulter de l'enseignement, c'est que *le bonheur est possible dans toutes les conditions.*

Est-ce à dire qu'il n'y pas des conditions plus favorables que d'autres au *vrai bonheur ?* Gardons-nous des affirmations absolues ! Oui, de telles conditions existent ; ce ne sont pas les plus élevées de l'échelle sociale, — ce sont les plus modestes.

Il y a plus de bonheur sous la blouse du paysan que sous la pourpre des rois.

Les personnes irréfléchies considèrent cette assertion comme une banalité, comme un lieu commun, et ne lui accordent aucune attention.

Elles ont tort. Dès qu'on arrête sa pensée sur cette vérité, on s'aperçoit que le fait qu'elle exprime est d'observation courante. Ce n'est pas une vue de l'esprit, c'est la constatation de ce qui se passe quotidiennement dans la réalité.

Rien n'égale la calme quiétude et la sérénité d'esprit des habitants des campagnes. Au contraire, il n'y a pas de vie plus fastidieuse, plus obsédante, plus troublée que celle des grands de la terre.

Être heureux comme un roi ! serait une cruelle ironie, si ce n'était pas une naïveté. C'est le trompe l'œil qu'exerce sur les foules, le spectacle lointain et momentané du faste des cours. Le public ne voit que la représentation et ne pénètre pas dans les coulisses.

Jamais souverain n'aurait formulé un pareil proverbe !

Il est un grand roi qui a dit son opinion sur la matière : C'est Salomon ! Cette opinion est caractéristique :

« J'ai été roi dans Jérusalem, et je me suis proposé de me rendre compte de la valeur de tout ce qu'il y a sous le soleil. J'ai accompli de grandes œuvres : j'ai élevé des palais, j'ai planté des vignes, j'ai fait des jardins, des vergers renfermant tous les genres d'arbres. J'ai construit des réservoirs pour l'irrigation de mes bois. J'ai possédé des esclaves et des servantes, j'ai eu une grande famille, — ainsi que les troupeaux les plus considérables que l'on eût jamais vus à Jérusalem. J'ai ramassé de l'argent, de l'or, les tributs des rois et des provinces. J'ai eu des chanteurs et des cantatrices, et tout ce qui fait les délices des hommes. Enfin, j'ai dépassé en richesses tout ce que l'on avait vu avant moi à Jérusalem.

« Je n'ai refusé à mes yeux rien de ce qu'ils ont désiré; — je n'ai défendu à mon cœur aucune volupté.

« Et lorsque j'ai pesé ce que j'avais retiré de bonheur de toutes mes œuvres, et de tous les vains efforts que j'avais faits pour satisfaire mes désirs, — j'ai vu que *tout est vanité et affliction d'esprit.* » (*Ecclésiaste*, ch. I et II).

Dans l'infinie variété des conditions sociales, il n'en est pas, croyons-nous, qui ne soit susceptible de procurer un bonheur relatif plus ou moins parfait. Mais, nous le répétons, ce bonheur s'accroît plutôt à mesure que l'on considère les degrés de plus en plus inférieurs, qu'en remontant, au contraire, l'échelle des situations.

Toutes choses égales d'ailleurs, nous croyons qu'il y a plus de vrai bonheur à la campagne qu'à la ville, et cela toujours pour la même raison ; c'est que la vie y est plus simple, plus exempte d'embarras, de soucis, de *comparaisons fâcheuses*, de tentations décevantes.

Le séjour aux champs exerce de multiples influences favorables au bonheur.

L'air est plus pur, plus abondant, la lumière plus largement répandue. L'alimentation est plus saine, les causes de contagion moins fréquentes. De cet ensemble de conditions matérielles, il résulte, au point de vue physique, un bien-être, une sensation de vie et de santé qui jouent un grand rôle dans la réalisation du bonheur.

Mais ce n'est pas tout. La campagne réjouit les sens : les yeux par sa fraîcheur et sa beauté pittoresque, l'odorat par ses parfums pénétrants, l'oreille par les mille bruits de la nature. Elle verse dans l'âme une sensation de calme, indéfinissable, mais exquise, — ou bien elle excite notre admiration, notre enthousiasme, par ses merveilleux spectacles incessamment variés.

La campagne est moralisante. Elle apaise nos ennuis, nos contrariétés, elles adoucit nos rancunes, elle éteint nos curiosités, nos préoccupations, elle engourdit nos passions. Elle s'empare de nous, un peu de la même manière que le fait le travail (dont nous avons décrit plus haut le charme empoignant), et nous enveloppe physiquement et moralement de son incomparable sérénité.

Mais la vie de la campagne, les travaux des champs, envisagés au point de vue d'une condition permanente, présentent d'autres avantages qui ne sont pas moins importants.

La terre, si elle ne procure pas toujours la richesse (et nous avons vu que la richesse n'est, pour le bonheur, qu'un accessoire bien secondaire), si même parfois elle ne donne pas un large bien-être, permet toujours à celui qui lui est fidèle de vivre modestement, mais sans inquiétudes.

L'existence n'est pas coûteuse à la campagne, et même les plus pauvres parviennent à la rendre compatible avec le contentement.

A plus forte raison en est-il de même pour le cultivateur, gros ou petit, qui retire de ses champs des récoltes plus ou moins abondantes. A revenu égal, il aura plus de bien-être et retirera plus de satisfaction de son argent que l'habitant des villes, sans avoir, avec autant d'anxiété que ce dernier, le souci de l'avenir et de la vieillesse.

Echanger cette vie calme, féconde en félicités de tous genres, et exempte de tracas, contre celle des villes, — c'est la plus coupable, la plus folle des aberrations que les tendances modernes aient introduite dans l'esprit de nos enfants.

Jamais la ville ne procurera à ces transfuges de la campagne, quelle que soit la situation qu'ils parviennent à s'y faire, une somme de bonheur capable de compenser celle qu'ils ont sacrifiée en quittant les champs.

Et combien y en a-t-il, de ces pauvres dévoyés, qui arrivent à se faire dans les villes une position sortable ? *Pas un sur mille !*

Lorsqu'ils abandonnent l'ombre de leur clocher pour aller, disent-ils, tenter la fortune, ils ne se doutent pas, les malheureux, de la difficulté de l'entreprise dans laquelle ils se lancent aveuglément. Ils ne se rendent pas compte de la concurrence vitale âpre et désespérée qui existe dans les grands centres, pour tous les emplois, même les plus modestes.

A Paris, pour la moindre place, il se présente des milliers de candidats. Dans les grandes villes de province, la même concurrence existe, proportionnellement au taux de leur population.

Si l'on voulait totaliser le nombre de postulants qui cherchent une occupation dans l'ensemble des centres les plus importants de notre pays, — on constaterait que c'est une véritable armée, immense, formidable, s'accroissant tous les jours, qui attend qu'une vacance se produise dans une place pour s'y précipiter aussitôt.

Et lorsqu'on a trouvé cette occupation si longtemps désirée, si péniblement conquise, est-ce du moins la vie matérielle assurée, avec le contentement relatif qui en découle ? Pas toujours !

Le séjour à la ville entraîne des dépenses qui absorbent parfois tout le gain du travailleur, ne lui laissant aucun superflu, et lui assurant à peine le nécessaire.

Au total, c'est vers la déception, souvent amère, et non vers le bonheur que s'acheminent tous ceux qui abandonnent les champs pour la ville.

Aussi, le meilleur conseil que l'on puisse donner aux habitants des campagnes, c'est celui-ci :

— Pour votre félicité, pour celle de tous ceux que vous aimez, restez aux champs, ou, si vous les avez quittés, retournez-y.

Malheureusement, nous avons vu que la tendance générale de l'instruction donnée dans les écoles officielles est plus propre à faire abandonner la vie rustique qu'à y ramener.

Il appartient à ceux qui ont conscience du mal occasionné par ces tendances, et qui s'intéressent réellement au bonheur de leurs compatriotes, de réagir de toutes leurs forces contre l'attraction des villes, et de répandre dans les esprits cette notion capitale que *le vrai bonheur est aux champs*.

D'excellents livres ont été écrits pour propager cette idée, et on ne saurait trop les recommander.

Lisez et faites lire : *La Grande Amie*, par Pierre l'Ermite.[1] La « grande amie », c'est la terre, la campagne. Ce livre fait ressortir cette vérité avec une claire évidence et il est accessible à tous les esprits, même à celui des enfants.

Sur le même sujet, mais dans un ordre d'idées plus élevé, on lira et on fera lire avec fruit, *Le Retour à la Terre*, de M. Méline.

La vie de la campagne convient autant aux esprits très cultivés qu'aux travailleurs des champs. C'est là qu'ils trouveront le plus de bonheur, car rien au monde

---

[1] Prix : 2 fr. 50 (Maison de la Bonne Presse, 5, rue Bayard, Paris.)

ne vaut les satisfactions que procurent la paix, la beauté, l'intérêt qui se dégagent des spectacles de la nature, et de la jouissance intime de cette nature elle-même.

§ 4.

Loin de nous la pensée de prétendre, — tombant dans l'exagération habituelle aux esprits absolus, — que le bonheur ne soit possible qu'à la campagne. Cette affirmation serait en contradiction formelle avec les principes que nous avons formulés jusqu'ici et qui se résument tous en cette énonciation : la félicité relative est accessible dans toutes les conditions.

Nous avons seulement voulu dire que la vie rustique, par les conditions mêmes du milieu dans lequel elle s'écoule, est la plus favorable au bonheur, et que lorsqu'on en jouit ou qu'on peut se la procurer, on aurait bien tort de chercher ailleurs une félicité problématique, de lâcher la proie pour l'ombre.

Le vers de Delille que nous avons déjà cité :

Heureux l'homme des champs, s'il connaît son bonheur !

serait entièrement vrai, du moment qu'on pourrait le paraphraser ainsi : *Heureux l'homme des champs, s'il a suffisamment conscience du vrai bonheur qu'il possède, pour ne pas le sacrifier à des chimères.*

Cela posé, nous reprenons notre thèse générale : il y a du bonheur relatif partout et dans toutes les conditions.

Le développement intellectuel n'y nuit pas, s'il est sain, complet, non vicié par des théories désespérantes, ou des espérances illusoires.

Au contraire, il peut être la source de nombreuses satisfactions, en faisant pénétrer de plus en plus notre esprit dans le monde des idées.

Mais qu'on ne s'y trompe pas. Rien n'est plus exact que cette observation de Paul Janet, dans sa *Philosophie du Bonheur* :

« Plus l'homme grandit et se développe, plus il offre de surface à l'atteinte des choses extérieures. »

C'est-à-dire que notre sensibilité s'accroît parallèlement non seulement vis-à-vis des satisfactions mais aussi eu égard aux épreuves.

Il nous reste toutefois cet avantage, que nous pouvons multiplier à volonté les satisfactions de l'intelligence, tandis que les épreuves, si elles sont plus vivement ressenties, ne sont du moins pas plus *nombreuses* pour les esprits très cultivés que pour ceux qui le sont moins.

Un autre avantage des plaisirs intellectuels, c'est qu'on peut les goûter dans toutes les conditions de l'existence, soit dans le bien-être, soit dans l'adversité, — et qu'ils procurent de réelles et grandes joies.

« Des pensées habituellement élevées, dit Droz, toujours sereines et quelquefois rêveuses, donnent à l'âme la gaîté pure et vraie. »

Les plaisirs de l'imagination, d'autant plus variés que l'intelligence est plus cultivée, constituent de très réelles satisfactions.

« Ne dites pas, — écrit Paul Janet dans l'ouvrage que nous venons do citer, — que les fantaisies de l'imagination ne sont que des rêves : car est-ce un rêve que le plaisir exquis dont ces illusions à demi volontaires sont la source ?

« Cela même est un bien que je goûte aujourd'hui.

« Par ces rêves, j'augmente et je multiplie ma vie : j'y fais entrer d'autres objets, d'autres lieux, d'autres personnes. Rêver, c'est encore vivre. »

En résumé, — les conditions intellectuelles du bonheur dépendent moins du degré d'intelligence de chacun, que de l'usage, bon ou mauvais, qu'il fait de ses facultés.

L'instruction n'est nullement une condition du bonheur. C'est un instrument, une arme à deux tranchants, qui peut donner des satisfactions ou des peines, suivant la façon dont on a appris à s'en servir.

La forme d'enseignement qui provoque l'émigration des campagnes vers la ville est mauvaise — parce que c'est dans la vie rustique que le bonheur vrai est le plus assuré. Au contraire, il faut considérer comme base tout enseignement qui réagit contre cet entraînement irréfléchi et malfaisant.

La vie de l'intelligence est accessible et possible dans toutes les conditions. Elle accroît notre sensibilité, mais elle nous permet de multiplier à volonté les satisfactions intellectuelles.

Les joies de l'esprit peuvent être goûtées dans une situation matérielle gênée tout comme au sein du plus grand bien-être. Elles apportent souvent de grandes consolations dans le malheur. Leur domaine est indéfini, incessamment varié, inépuisable.

Mais le point sur lequel nous avons tenu à fixer l'attention, c'est que, si elles sont *utiles* au bonheur, elles ne sont pas *indispensables,* — et que l'illettré, comme le savant (peut-être même plus aisément que le savant), peut posséder la *sérénité*, la *modération des désirs* et la *quiétude*, qui sont les gages de la félicité ici-bas.

Le bonheur a été fait *pour tout le monde!*

CHAPITRE VIII

Influence du Caractère
sur le Bonheur

§ 1er

Nous arrivons ici au point culminant, — au nœud principal, si l'on préfère, — du problème du bonheur.

Nous avons déjà vu, à maintes reprises, quelle influence importante, exerce, sur notre félicité, l'individualité de chacun de nous.

Or, le fond, la base de l'individualité humaine, c'est le caractère.

Par conséquent, la première condition, pour être heureux, c'est d'avoir un caractère.

Ce n'est pas avoir un caractère que de posséder un esprit mobile comme une girouette, oscillant au gré de toutes les impressions; — une susceptibilité excessive, s'offusquant de tout; — une indolence invétérée que

10

rien ne peut secouer ; — des désirs incohérents, dispa-
rates, naissants, se transformant ou s'évanouissant au
moindre caprice.

Comment trouver une formule capable d'assurer le
bonheur à cet être multiforme, « ondoyant et divers, »

Aujourd'hui dans un casque, et demain dans un froc?

Le bonheur est, pour ainsi dire, insaisissable, pour
toutes ces âmes agitées, déséquilibrées, qui ne savent
jamais bien ce qu'elles veulent, qui ne veulent pas
fortement ce qu'elles désirent, et qui sont absolument
incapables de se contenter de ce qu'elles ont.

Combien nous en connaissons de ces personnes
malheureuses, très malheureuses, bien qu'elles possèdent une foule d'éléments utiles à la possession d'une
félicité fort appréciable ! Elles gaspillent leur vie, elles
gaspillent tous les biens que les circonstances avaient
mis à leur portée, et elles n'en retirent aucune
satisfaction.

Ce n'est pas qu'elles aient ce que l'on appelle « un
mauvais caractère », — c'est parce qu'elles n'en ont pas
du tout.

Leur mal est chronique, incurable, — à moins
qu'elles ne parviennent à fixer leur caractère.

Ce n'est pas ici le lieu de rechercher comment se
forme le caractère. Il nous appartenait seulement de
constater que la possession d'une individualité arrêtée
est une des conditions indispensables du bonheur, et
que tant vaudra le caractère de cette individualité, tant
vaudra son bonheur.

Bornons-nous à constater que l'inconsistance du caractère provient principalement de l'incohérence des idées, du manque de réflexion et du manque de volonté.

Il est indubitable que ces défauts, quelque accentués qu'ils soient, peuvent être combattus et corrigés.

Il n'y a pas de faculté humaine qui ne soit susceptible de culture.

La mobilité de l'esprit se combat très efficacement par *la suite dans les idées.* Soit seul, soit avec l'aide de quelqu'un, on peut s'imposer cette suite dans les idées, par une attention soutenue à ne pas les laisser dévier à droite ou à gauche. L'irréflexion s'atténue également par l'attention, qui empêche l'esprit de divaguer, d'être distrait, et le ramène impitoyablement à la route qu'il doit suivre. Enfin l'attention, par cela même qu'elle enchaîne les divagations de l'intelligence, facilite la tâche de la volonté.

— Que ferai-je aujourd'hui ? se demande l'esprit irrésolu.

Et l'*attention,* — c'est-à-dire le souvenir toujours présent de la résolution que l'on a prise de se corriger, est là qui répond :

— Il faut faire *ce que tu as à faire*! Tu as des obligations à remplir. (Qui n'en a pas en ce monde?) Accomplis-les !

— Plus tard, ? réclame peut-être l'indolence.

— Non, *tout de suite!*... Voilà la voie droite, voilà le devoir, voilà le seul moyen d'acquérir le caractère qui te manque.

Et, inévitablement, par la répétition de ces actes d'attention et de volonté, le caractère se forme, en effet. Il devient cette puissance, à la fois souple et énergique, qui sait se plier aux circonstances et surmonter les obstacles.

Car, qu'on ne s'y trompe pas : la force du caractère, ce n'est pas la *raideur;* — c'est, au contraire, la *plasticité.*

Les personnes qui possèdent, comme on le dit vulgairement, « un caractère *entier* », sont, contrairement à ce qualificatif défectueux, celles dont le caractère est *incomplet*. Elles n'ont qu'une apparence de caractère, c'est-à-dire, justement le côté qui est le plus visible au dehors, et qui est le moins utile.

Le vrai caractère, bien complet, qui fait les individualités saines, fortes, heureuses, c'est celui dans lequel les facultés d'adaptation aux circonstances sont aussi développées que les facultés d'énergie.

Et cette facilité d'adaptation est encore *une force*.

Nous allons en donner la preuve.

L'irritabilité n'est pas une force : elle est, au contraire, une cause de faiblesse et de malheur, — puisqu'elle nous rend plus sensibles aux atteintes des circonstances.

Par le caractère, nous arrivons à dompter cette susceptibilité naturelle, à nous rendre de moins en moins sensibles à toutes les petites contrariétés, à tous les coups d'épingles qui rendent la vie si pénible aux personnes incapables de les supporter. Et de ce fait, nous sommes cuirassés contre une foule de vicissitudes qui trouvent sans défense les personnes susceptibles et irritables.

L'*indocilité* n'est pas une force. C'est un travers fâcheux, dangereux, un manque de souplesse, un défaut capital, fécond en mésaventures de tout genre. C'est la méconnaissance de tout ce que nous pouvons attendre de bienfaits d'une discipline rationnelle. Au contraire, un esprit docile aux conseils, aux remontrances, aux enseignements, de quelque part qu'ils lui viennent, et qui sait en tirer parti, a de grandes chances de s'améliorer et de se rendre apte au bonheur.

La *désobéissance* n'est pas une force. C'est une manière sournoise de se soustraire aux obligations de la vie, sans aucun profit pour le bonheur, et avec de grands risques, au contraire, pour la tranquillité de l'esprit. Tandis que la soumission aux pouvoirs légitimes qui dirigent les actes de notre existence, est la meilleure garantie que nous puissions avoir d'être dans la bonne voie et de travailler utilement à notre bonheur.

L'*insubordination*, la *révolte*, ne sont pas réellement des manifestations de notre force. Elles témoignent bien plutôt de la faiblesse de notre esprit en présence des nécessités inéluctables de l'existence. — La force du caractère se révèle dans la résignation aux maux nécessaires, dans la patience à les supporter, dans la soumission à tout ce qu'il nous est impossible d'empêcher et à tout ce qui, quoique dur, est légitime.

Mais, entendons-nous ! Ne confondons pas cette force morale qu'oppose l'homme de caractère aux épreuves de la vie, avec les lâchetés de la peur, ou les paresses de l'indolence.

Malheureusement, on est trop porté à attribuer à la force de caractère ce qui résulte ordinairement de l'indifférence ou de l'apathie.

Hélas ! Zimmermann a dit vrai lorsqu'il a déclaré, cherchant parmi les péchés capitaux, celui qui était le plus nuisible au bonheur de l'humanité :

« Est-ce l'orgueil, l'ambition, l'égoïsme ? Non, c'est l'indolence. Qui peut triompher de son indolence naturelle, peut triompher de tout. Tous les bons principes s'altèrent et se corrompent, s'ils ne sont pas mis en mouvement par l'activité morale. »

Or, bien souvent, ce que l'on désigne sous le beau nom de *résignation* n'est que de l'indolence.

Je trouve, dans un bon livre datant de la première moitié du siècle dernier : *La science des bonnes gens*, un passage extrêmement caractéristique à cet égard :

— « Que faites-vous là-bas, les bras croisés, la tête basse, le regard fixe ?

— « De grands malheurs m'ont frappé.

— « De plus grands vous attendent, si vous ne les conjurez.

— « La volonté de Dieu soit faite ; je suis résigné.

— « La volonté de Dieu est que vous remplissiez vos devoirs, et le premier de tous est de ne pas vous abandonner vous-même. Qu'adviendrait-il si tous les malheureux s'arrêtaient découragés ou *résignés*, comme vous dites ? Non, la résignation n'est pas la torpeur. C'est le calme dans la douleur, la soumission à une volonté souveraine, mais c'est aussi la courageuse résolution de chercher si cette volonté, qui ne nous est certainement pas systématiquement hostile, ne protègera pas de nouveaux efforts. Relevez-vous, pauvre affligé, relevez-vous ; la résignation, c'est du courage infatigable ! »

Comme on le voit, à nos yeux, avoir du caractère, ce n'est pas avoir la rigidité d'une barre de fer. *Avoir du caractère, c'est avoir du ressort !*

Le ressort plie sous la pression qu'il éprouve, mais il n'en acquiert que plus de force pour réagir et pour reprendre son équilibre. Qu'est-ce, chez l'homme, que l'équilibre, sinon la possession sereine du bonheur ?

Le caractère est donc fait de *patience*, de *docilité*, de *soumission*, mais aussi de *décision*, d'*énergie*, de *ténacité*.

L'irrésolution, c'est justement le manque absolu de caractère que nous signalions au début de ce chapitre. L'homme irrésolu, c'est le jouet des évènements, c'est « la plume au vent », c'est l'épave en dérive qui se laisse ballotter au gré des éléments sans avoir de réaction propre. L'homme irrésolu abandonne au hasard le soin de lui procurer du bonheur, au « hasard aveugle », à la fortune, qui *ne favorise que les audacieux*, c'est-à-dire ceux qui, au lieu d'attendre ses faveurs, la rudoient pour les obtenir.

L'homme de caractère sait ce qu'il veut. Il a donné un but à sa vie. Il ne règne dans son esprit aucune indécision. Il veut être heureux dans l'autre monde et, si possible, dans celui-ci. Pour cela, il commence par s'éclairer sur la véritable nature du bonheur, afin de n'être dupe d'aucune illusion. Une fois au courant de tout ce qu'il peut espérer, et de tout ce qu'il peut craindre, il trace le plan de son existence. Voici ce qu'il fera, voici ce qu'il évitera. Il a un programme, la volonté arrêtée de le suivre, et il se met en route, sans se laisser arrêter par les séductions, les craintes, ou les difficultés.

L'homme de caractère a de l'*énergie*. Il sait que la vie n'est pas une partie de plaisir. C'est une période d'épreuves à traverser, et il ne lui est pas interdit de prendre ses dispositions, pour la traverser le plus agréablement possible. Ces dispositions prises, il ne s'en laissera écarter par aucun obstacle, s'il s'agit d'obstacles qu'il lui soit possible de vaincre. Contre les obstacles inéluctables, il possède cette force de tous les hommes de caractère qui est l'endurance, la patience, la faculté primordiale de l'âme qui consiste à pouvoir s'adapter à toutes les circonstances.

L'homme de caractère possède la *ténacité*, c'est-à-dire l'énergie *persévérante, inlassable.*

Qu'importe la puissance de l'effort, si au premier échec, cette puissance se trouve épuisée, et ne permet pas de renouveler les assauts.

La véritable énergie, ce n'est pas la *furia* passagère qui peut emporter les obstacles, mais qui peut aussi se briser contre eux sans retour.

Le maximum de puissance du caractère humain réside dans la *patiente opiniâtreté* qu'aucun obstacle, qu'aucun échec ne peut jamais rebuter.

Une forteresse peut résister à l'assaut furibond d'une armée exaspérée. Mais comment pourrait-elle échapper à la patience prolongée d'un assiégeant résolu à vaincre?

La vague des tempêtes déferle impuissante contre le roc, — mais l'eau qui tombe goutte à goutte finit par creuser la pierre.

L'homme de caractère qui engage le combat pour la vie avec l'impassible volonté de ne jamais se laisser abattre par aucun revers, est assuré de vaincre.

Tenious, roi de Perse, était poursuivi de tous côtés par ses ennemis.

« Un jour, dit-il, je fus obligé de me cacher dans une ruine. J'étais triste, et je pensais en moi-même :

— « A quoi bon toujours fuir ? Je n'échapperai pas à leur rage. Je suis épuisé de fatigue; ils ne tarderont pas à me découvrir. Autant me livrer à eux ou attendre ici la mort.

« Tandis que je m'affligeais ainsi, mes yeux remarquèrent une fourmi qui s'était chargée d'un grain plus gros qu'elle et qui cherchait à le porter jusqu'en haut de la muraille. Je comptai les efforts malheureux qu'elle fit pour arriver à son but. Le grain tomba soixante-neuf fois à terre; mais le vaillant petit insecte ne se laissa pas décourager, et sa soixante-dixième tentative réussit. Il déposa le grain dans le trou qui lui servait de magasin.

« Cette scène me rendit l'espérance, et depuis, je me la rappelais toutes les fois que je sentais mon cœur près de défaillir. »[1]

C'est la même idée qu'exprimait Mme de Maintenon de cette manière pittoresque :

---

1 Malcom. *Histoire de la Perse.*

« Il en est de beaucoup d'entreprises comme de battre le briquet : on n'y réussit que par des efforts réitérés, et souvent à l'instant où l'on désespérait du succès. »

L'homme de caractère ne désespère jamais. Non pas qu'il compte sur le hasard, mais parce qu'il compte surtout sur ses propres efforts, et parce qu'il sait que le Ciel aide ceux qui s'aident eux-mêmes.

A ce point de vue, je ne saurais approuver cette pensée de Teuchtersleben que j'ai trouvée citée comme si elle était digne d'éloges :

« Il n'est personne qui n'ait eu quelque jour un bonheur inattendu. Songez aux caprices du sort, et ne vous désespérez jamais. »

Non certes, il ne faut jamais désespérer. Mais nous donner, comme motif d'espoir, les *caprices du sort*, c'est faire fausse route, car si notre sort dépend de *caprices* quelconques et non des harmonies générales de la création, quelle garantie, quel espoir avons-nous de ne pas être engloutis dans les plus profonds abîmes de l'adversité ?

Il ne faut jamais désespérer, non parce que *le hasard est grand*, mais parce que, tant que nous lutterons contre l'adversité, nous aurons des chances de vaincre. Ce n'est que lorsque nous nous abandonnerons nous-mêmes, que le sort pourra avoir facilement raison de nous.

« L'espérance, dit Vauvenargues, anime le sage, et leurre le présomptueux et l'indolent qui se reposent inconsidérément sur ses promesses. »

Cela revient à dire que l'espérance n'est bonne qu'autant qu'elle est le résultat d'un *raisonnement*, et non celui d'une *illusion*.

— J'ai fait tout ce qu'il fallait pour réussir, donc j'ai lieu d'espérer que je réussirai ! — c'est la pensée d'un sage.

— Je n'ai rien fait de ce qu'il fallait pour réussir, mais j'espère réussir quand même ! — c'est l'illusion d'un fou.

§ 2.

Après cet exposé, il est aisé de voir que le caractère est une des conditions essentielles du bonheur.

L'homme sans caractère, ballotté au gré des vicissitudes, de son individualité toujours changeante, et des évènements de son existence, mènera une vie aussi vide qu'agitée, et n'y trouvera certainement pas les paisibles satisfactions qui constituent le bonheur de ce monde.

Celui dont le caractère possède la *vigueur* sans la *souplesse*, sera exposé à une foule de contrariétés, parce qu'il s'adaptera difficilement aux multiples circonstances qu'offre à chacun de nous la vie de tous les jours. Il éprouvera des frottements, des heurts, parce qu'il n'aura pas suffisamment développé en lui la précieuse impassibilité que donne la patience.

Les latinistes de la Renaissance, grands amateurs de raffinements linguistiques, toujours à la recherche d'oppositions de mots et de sons, avaient trouvé, à ce point de vue particulier, une bien jolie devise :

PATIOR UT POTIAR.

On voit que dans les mots *patior* et *potiar*, il y a simplement transposition des lettres *a* et *o*, et l'ensemble produit à l'oreille, par ses assonances, l'impression d'opposition que recherchaient justement les écrivains de l'époque.

Cela signifie, littéralement : « Je pâtis pour posséder », — c'est-à-dire, je souffre, je me résigne, afin d'acquérir un bien.

J'ai trouvé cette devise dans une *Grammaire Hébraïque*, au dessous d'un petit dessin, représentant un enfant qui cherche à se frayer péniblement un chemin, à travers un buisson d'épines qui entrent dans ses chairs.

C'est une allusion aux difficultés que présente l'étude de la langue hébraïque, en même temps qu'aux avantages qu'offre sa connaissance, une fois qu'on la possède bien.

La même devise, convient à l'homme de caractère qui sait traverser les difficultés inévitables de la vie, sans qu'elles influent sur son imperturbable sérénité.

Dans ce cas elle signifierait :

« Je supporte tout, de façon à posséder cette paix de l'âme qui rend heureux. »

N'être ni susceptible, ni irritable, c'est se mettre à l'abri d'une foule de petites peines, peu importantes par elles-mêmes, mais qui finissent par lasser, en raison de leur multiplicité.

Au contraire, s'impatienter, se mettre en colère, c'est ajouter à la contrariété venue de l'extérieur, l'irritation, l'émotion intérieure, en général si nuisible au repos de l'esprit et du cœur; et par conséquent à la tranquillité et au contentement.

Accepter docilement les enseignements, qu'ils nous viennent des évènements, ou qu'ils nous soient donnés par les hommes eux-mêmes, c'est faire preuve à la fois de souplesse et de clairvoyance, car nous pouvons en retirer un plus ou moins grand profit. Les reproches, même acerbes, même injustes, ne doivent pas nous émouvoir outre mesure. Nous pouvons nous justifier, ou expliquer nos actions, mais conserver toujours cette sérénité de l'âme si utile à notre bonheur.

Obéir à nos devoirs est une grande force, une source assurée de satisfaction. Nous en retirerons non seulement l'approbation des autres, — qui, si nous ne devons pas la rechercher à tout prix, ne doit pas être dédaignée, — mais aussi notre propre approbation. C'est à celle-ci que nous devons tenir le plus. Être content de soi-même, se dire avec conviction que l'on a bien agi, se donner sans réticence un *satisfecit* mérité, c'est encore une des plus grandes joies que l'homme puisse goûter.

Au contraire, le mécontentement de soi-même est le pire des maux. Ce n'est pas une contrariété extérieure, à laquelle on puisse échapper par la fuite, ou en pensant à autre chose. Non, le mécontentement est là, en nous, toujours présent, quoi que nous fassions pour nous y soustraire. Il empoisonne tous les plaisirs que nous essayons de nous procurer pour faire diversion. C'est une pensée lancinante, obsédante, qui nous assombrit, nous torture, nous rend incapable de toute joie.

Il n'y a qu'un moyen de nous en débarrasser : c'est d'examiner, face à face avec nous-mêmes, quelle est la cause de notre mécontentement intime ; — c'est de reconnaître que nous avons eu tort d'agir de façon à être mécontents de nous-mêmes ; — c'est de prendre le ferme propos de ne plus nous exposer à semblable contrariété.

Dès lors, un grand soulagement se produit en nous. On se dit :

— J'ai eu tort, mais je ne recommencerai plus. J'éviterai cette faute, je fuirai l'occasion de la commettre, je serai vigilant en toute circonstance.

Au mécontentement fait place le contentement de soi-même, tout simplement parce que l'on a eu *du caractère*, parce que l'on a regardé bien en face, ce qui faisait souffrir et qu'on a pris les résolutions nécessaires pour éviter le retour de semblable souffrance.

C'est avec une véritable satisfaction que l'on se dit à soi-même :

— C'est bien ! Je suis content de moi !

Et l'on est réellement heureux.

Cette règle est applicable à toutes les causes de contrariétés que l'on éprouve.

Dès que l'on sent, en quelque circonstance que ce soit, son âme s'assombrir, il ne faut pas la laisser s'enfoncer plus avant dans les ténèbres de la tristesse.

Que la force du caractère, comme une sentinelle vigilante, arrête au passage l'idée noire qui veut s'introduire en nous :

— Halte-là ! Qui vive ? Que me veut cet intrus ?

— Je suis las de cette maladie qui me fait souffrir !

— Ton corps souffre ! Ne laisse pas cette souffrance passer de ton corps à ton âme, de peur de souffrir doublement... Il y a longtemps que tu souffres : c'est justement une raison pour espérer que le terme de cette souffrance approche ; la lassitude de ton âme ne reculera-t-elle pas ce terme au lieu de l'avancer?... Tout finit, même les plus grandes souffrances. Encore de la patience, de la patience jusqu'au bout, puisque *seule* la patience peut rendre ces maux supportables... N'attache pas obstinément ta pensée à cette souffrance : l'attention que tu lui donnes l'accroît, tandis que tu peux la diminuer en portant ton esprit ailleurs... Tiens ! pense à Dieu, dans les desseins duquel entrent ta maladie et tes peines, et si tu as confiance en sa souveraine sagesse, *l'idée noire s'enfuira !*

— Je gagne péniblement ma vie et je joins avec peine les deux bouts.

— C'est vrai ! Mais s'est-il produit quelque chose de nouveau pour te faire craindre que tu ne pourras plus continuer à vivre en travaillant?... Non ! Alors, c'est simple lassitude !... Courage, continue ! aucun mal ne te menace, et le bien peut venir... Travaille, redouble d'efforts, donne toute la mesure de ce que tu peux faire... Ta volonté visible de faire de ton mieux pour accomplir ta tâche, te conciliera la sympathie, la vraie, celle qui est agissante, et quoi qu'il arrive, tu te tireras toujours d'affaire... *Labor improbus omnia vincit...* Le travail assidu vient à bout de tout... *Chasse l'idée noire !...* Conserve la sérénité !

Et ainsi de suite pour tous les nuages qui cherchent à troubler la pureté de notre félicité.

Ne permettons jamais à la tristesse et au découragement de s'asseoir à poste fixe dans notre âme.

Chassons ces ennemis de notre repos, détruisons ces obstacles à notre bonheur.

Dans tous les cas, pas de révolte inutile contre les maux inévitables. N'imitons pas ces enfants qui frappent avec rage l'arbre contre lequel ils se sont cognés en jouant. Nous ne sommes pas plus sages qu'eux lorsque nous maudissons la fatalité, ou que nous accusons l'humanité entière de nos malheurs.

Les biens et les maux naissent de la marche éternelle des choses, suivant les circonstances dans lesquelles nous nous trouvons en contact avec celles-ci.

L'enfant ne se serait pas cogné à cet arbre, si l'arbre ne s'était pas trouvé sur son chemin... S'il y a, sur la route de notre existence, bien des arbres auxquels nous nous cognons, à qui la faute ?

Il est de la nature de l'arbre de rester où il a poussé. Ce n'est pas lui qui s'écartera pour nous livrer passage, Mais, peut-être, dépend-il de nous de ne pas entrer en collision avec lui.

Si l'enfant, en courant, avait regardé devant lui, ou agi avec moins de précipitation, il ne se serait pas fait une bosse au front.

De même, dans l'existence, nous pourrions éviter beaucoup de maux, en conduisant notre activité avec plus d'attention et de circonspection.

Dans tous les cas, ce ne sont pas les injures et les coups que l'enfant adresse à l'arbre qui guériront sa bosse. Au contraire, il risque, en outre, de se faire mal aux poings.

S'il était sage, il commencerait plutôt par aller mouiller son mouchoir à la fontaine pour s'appliquer une compresse sur le front. Ensuite, tandis que cette opération produirait un soulagement appréciable, il pourrait se livrer à d'utiles réflexions.

Il se dirait, tout d'abord, qu'il aurait pu éviter l'accident en ne courant pas comme un écervelé dans un endroit planté d'arbres. Cela lui ferait prendre la saine résolution d'être plus attentif à l'avenir, pour éviter ces sortes de rencontres, qui sont plus préjudiciables aux enfants qu'aux arbres. Enfin, il se dirait, en sentant sa douleur diminuer peu à peu, qu'après tout une bosse n'est pas mortelle, qu'il en a vu et qu'il en verra bien d'autres, et quelques instants après, il n'y penserait plus.

Mais ni les enfants, ni les hommes, ne sont toujours sages.

Il n'est pas plus raisonnable de s'emporter contre les personnes que de s'emporter contre les choses. Jamais la colère n'a rien réparé : elle est devenue souvent, au contraire, la cause de maux bien plus grands que ceux qui l'avaient provoquée.

L'avantage le plus important que puisse donner la fermeté du caractère, c'est la faculté de se dominer, d'être maître de soi, de façon à pouvoir réprimer, avant même qu'elles naissent, les violentes émotions spontanées d'une nature trop primesautière, toute d'impulsion et de premier mouvement.

Rien de plus préjudiciable au bonheur qu'un tempérament impulsif que ne vient pas modérer le frein de la raison. C'est la source de mille maux.

Lorsqu'on dit, avec le proverbe : « Le premier mouvement est le meilleur ! », — il faut s'entendre. Ici encore, on a abusivement transformé un cas particulier en une vérité absolue.

D'une manière générale, au contraire, « il faut se méfier du premier mouvement », non pas « parce que c'est le bon », — comme le proclament cyniquement de sceptiques *struggleforlifers*, — mais parce qu'il est *irréfléchi*, et que, par cela même, il peut être *dangereux*.

Le premier mouvement est-il *bon*? Est-il *mauvais*?

Cela dépend évidemment beaucoup de la personne qui cède à cette émotion impulsive.

Si c'est une *bonne* nature, généreuse, ouverte, — il y a de grandes chances pour que son premier mouvement soit *le bon*, et même *le meilleur*.

Mais s'il s'agit d'une nature *mauvaise*, renfermée, égoïste, d'un *struggleforlifer*, par exemple, — il y a, au contraire, de grands risques, pour que le premier mouvement soit déplorable.

Par conséquent, ceux-là même qui prétendent qu'il faut se méfier du premier mouvement, car c'est le bon ! sont justement les moins exposés à cette éventualité, qu'ils considèrent comme si fâcheuse.

La règle à suivre consiste à se méfier de tout mouvement irréfléchi, fût-il bon, — ce dont on ne pourra s'assurer que par la réflexion.

On voit quel rôle important, primordial, incombe au caractère, dans la conquête et la possession du bonheur relatif.

La fermeté du caractère est la principale garantie de la *sérénité*, car c'est par elle que nous écartons de notre âme toutes les causes de trouble, imaginaires ou réelles, qui peuvent se présenter.

C'est elle qui nous fait supporter avec constance les maux que nous ne pouvons éviter.

La fermeté de caractère est le gage assuré de la *modération des désirs*, car elle tempère tous les écarts de notre imagination, toutes les convoitises de notre nature, et ramène nos aspirations dans le cercle où nous pouvons légitimement et paisiblement les satisfaire.

Elle donne le contentement et la quiétude, par le seul fait qu'elle se sent apte à écarter tout trouble, à surmonter tout obstacle que nous viendrions à rencontrer sur notre chemin.

Or, le calme et la puissante imperturbabilité du caractère est accessible à tous, dans toutes les conditions.

Il y a une fermeté naturelle, qui n'exige presque pas d'exercices et de culture, et que nous rencontrons fréquemment, chez un grand nombre de nos semblables.

Chez d'autres, elle se trouve en germe et peut être développée facilement.

Quant à ceux chez qui elle est absente, nous avons déjà dit par quelle gymnastique morale il est possible de la faire surgir en eux.

CHAPITRE IX

Rôle de la Conscience
et de
la Sensibilité dans le Bonheur

§ 1er

Nous avons vu le rôle important que joue, dans le bonheur relatif, le *contentement de soi-même.*

Or, ce contentement n'est pas autre chose que le verdict de notre conscience qui nous dit :

— Je suis satisfaite de toi !

De même lorsque le mécontentement de nous-même assombrit notre âme, c'est toujours la conscience qui parle et qui nous fait ce reproche :

— Je ne suis pas satisfaite de toi.

C'est dans ce sens qu'Oxenstiern a pu dire :

« Mériter d'être heureux, c'est l'être en effet. »

Car la conscience, incorruptible, infaillible, ne nous donne son verdict de satisfaction que *lorsque nous l'avons mérité*.

Par conséquent, nous ne sommes parfaitement heureux, que *lorsque nous l'avons mérité*.

Au sein des plaisirs les plus délicats, au faîte des grandeurs, en présence de la réalisation de nos plus chers désirs, si notre conscience n'est pas tranquille, si nous ne recevons pas d'elle cette assurance formelle : « Tu peux jouir en paix ! »... nous ne sommes pas heureux, parce que nous ne l'avons pas mérité.

Il est impossible de nier l'existence de ce calme intérieur ou de cette inquiétude qui accompagnent fatalement la bonne ou la mauvaise conscience. Il est impossible de nier la conscience elle-même. Même chez ceux qui paraissent en être le plus dépourvus, et qui semblent ne plus entendre sa voix, elle persiste, inlassable, inamissible, impitoyable, et vient apporter dans toutes leurs joies l'amertume de son secret reproche.

Les éléments de la *bonne* conscience, de celle qui rend heureux, sont des plus divers et s'échelonnent, en une mystérieuse ascension morale, depuis les devoirs les plus ordinaires de la vie jusqu'aux plus sublimes sacrifices.

Le premier élément de la bonne conscience, c'est la *conviction* intime, absolue, que l'on est dans la véritable voie qui conduit au bonheur. Avec cette persuasion, plus le moindre trouble dans l'accomplissement de ce que nous jugeons conforme au but que nous nous sommes fixés. Bien plus, cette *sécurité*, cette certitude, constitue par elle-même une joie que Descartes avait parfaitement reconnue et analysée, puisqu'il dit :

« Le repos d'esprit et la satisfaction intérieure que ressentent en eux-mêmes ceux qui savent qu'ils font toujours tout ce qu'ils peuvent, soit pour connaître le bien, soit pour l'acquérir, est un plaisir sans comparaison plus doux, plus durable et plus solide que tous ceux qui nous viennent d'ailleurs. »

C'est bien évident !... C'est le contentement si intense que nous donne le verdict de satisfaction de la conscience.

Comme ce verdict se renouvelle toutes les fois que nous accomplissons notre devoir, on voit qu'il dépend de nous de multiplier nos joies, d'entretenir constamment notre contentement, — puisque les occasions d'obtenir ce *satisfecit* sont incessantes.

Voilà pourquoi Selden a pu dire :

« Le devoir a des plaisirs *qui ne connaissent pas la satiété.* »

Peut-on, en effet, se lasser jamais d'éprouver ce plaisir intime que nous procure notre propre approbation.

Donc, indépendamment de la satisfaction particulière que peuvent nous donner le travail, la lecture, la vie de famille, nous goûtons une autre joie plus intime, plus exquise peut-être, le sentiment du devoir accompli.

C'est ce que Jean-Jacques Rousseau a voulu sans doute exprimer dans cette phrase.

« Le premier prix de la justice est de sentir qu'on la pratique. »

Cela signifie, comme nous le disions ci-dessus, qu'en dehors du bien que peut nous apporter tout acte de justice, c'est-à-dire de devoir, — cet acte constitue déjà pour nous un bien en lui-même, *parce qu'il est juste,* et que nous en avons conscience et satisfaction.

Nous avons dit que les joies intimes de la conscience constituaient comme une sorte d'échelle de sensations, donnant des satisfactions de plus en plus intenses, au fur et à mesure qu'elles s'élèvent dans les régions les plus austères de l'esprit et du cœur humains.

Certes le devoir est tout relatif. Chacun de nous a ses devoirs. Ces devoirs dépendent de la conception que nous nous en faisons, — c'est-à-dire que tout ce que nous considérons comme notre devoir devient par cela même un devoir pour nous.

Par conséquent, la notion du devoir ne peut pas être enfermée dans des limites absolues. Le devoir ne commence pas et ne finit pas aux mêmes bornes pour tout le monde.

Il y a des devoirs auxquels nul ne peut se soustraire, dès qu'il en a connaissance, et dès qu'il a, comme nous venons de le dire, acquis la conviction que ce sont des devoirs. Telles sont notamment les obligations qui nous sont imposées par les lois divines et par la loi naturelle.

Ces devoirs ne sont pas en discussion et ne souffrent aucune limitation. Mais, dans l'application, il y a, autour du devoir strict, une zone indécise, où, suivant la conviction de chaque conscience, les uns croiront devoir pénétrer, les autres s'abstenir d'entrer.

C'est la zone de passage entre le devoir strict, et les hautes conceptions morales d'où découlent le *dévouement* et le *sacrifice*.

C'est dans cette région mitoyenne que s'exercent la *bonté* et la *charité*.

Le premier degré de la bonté, c'est l'*indulgence*... Ce n'est pas encore de la *bienveillance active*, mais c'est déjà plus que de l'*indifférence* et surtout que de l'*égoïsme*.

Être indulgent, c'est commencer à sortir de soi-même, du cercle étroit de ses pensées, et s'apercevoir qu'il y a, en dehors de nous, bien des points de vue différents des nôtres.

Voilà pourquoi le développement de l'intelligence, l'instruction vraie, rendent indulgent.

« Tout comprendre, c'est tout pardonner ! » disait Mᵐᵉ de Staël.

L'indulgence est aussi la conséquence ordinaire d'une longue expérience de la vie.

« Il ne faut que vieillir, dit Gœthe, pour devenir plus indulgent. Je ne vois pas commettre une faute que je ne l'aie commise moi-même. »

C'est ce même Gœthe qui s'écrie, dans *Werther*.

— « Vous autres, hommes, vous ne pouvez parler de rien sans décider aussitôt : *Cela est fou, cela est sensé; cela est bon, cela est mauvais!*... Et pourquoi? Avez-vous cherché, dans tous ses détails, le vrai motif d'une action? Savez-vous démêler avec précision les causes qui l'ont produite et qui la rendaient inévitable? Si vous le saviez, vous ne seriez pas si prompts à juger. »

Or, l'*indulgence* nous fait du bien, non pas seulement parce qu'elle tend à dissiper l'aigreur ou les mauvais sentiments que nous pourrions nourrir contre les hommes, mais aussi et surtout, parce qu'elle nous fait pratiquer une action qui est plus que du devoir, — qui est au-dessus du devoir, — plus haute, par conséquent, plus méritoire, et que le verdict de notre conscience nous procure une satisfaction proportionnée à notre mérite.

C'est, d'ailleurs, l'impression constante que l'on éprouve, toutes les fois que l'âme s'exerce à cette bien-veillance extérieure, qui nous arrache aux satisfactions étroites de notre égoïsme.

C'est de l'égoïsme, lorsqu'il devient mesquin, absorbant, que résultent presque tous nos manquements à nos devoirs, et, par suite, la plupart de nos malaises moraux.

Au contraire, du moment où nous parvenons à nous arracher à la contemplation et à l'affection exclusive de nous-mêmes, — à sympathiser avec le monde extérieur et surtout avec nos semblables, la sphère de notre bonheur s'agrandit, et nous ouvrons la porte à des satisfactions précieuses, parce qu'elles sont à la fois les plus durables et les plus délicieuses de toutes.

De la simple *indulgence* à la *bienveillance* et à la *sympathie*, quel chemin parcouru déjà dans cette voie de bonheur qui a son principe dans le devoir et qui s'élève peu à peu jusqu'aux plus hauts sommets du sacrifice.

En outre des satisfactions intimes qu'ils procurent, ces sentiments sont d'une admirable fécondité. La sympathie engendre la sympathie, et aux joies que nous procurent à nous-mêmes nos sentiments affectueux, s'ajoutent celles que nous procure l'affection des autres.

C'est Mme Swetchine qui a écrit à ce sujet :

« Ne nous lassons pas de jeter sur notre route des semences de bienveillance et de sympathie. Sans doute, il en périra beaucoup, mais s'il en est une qui lève, elle embaumera notre route et réjouira nos yeux. »

Si l'accomplissement du devoir nous procure déjà de douces satisfactions, que penser des émotions que fera naître en nous le verdict de notre conscience, si nous faisons même plus que notre devoir, — si nous étendons dans le cercle entier de notre existence, l'*indulgence*, la *bienveillance*, la *sympathie*?

Avec quelle joie profonde nous entendrons la voix intérieure de laquelle dépend notre contentement intime, nous dire :

— C'est bien ! C'est très bien !... Non seulement tu as été juste, mais de plus tu as été bon !...

Avoir conscience que l'on est bon, c'est une impression d'une suavité telle que le langage humain est insuffisant pour l'exprimer nettement. Ce que l'on éprouve, c'est la sensation que l'on s'élève d'un degré dans l'échelle du bonheur, *que l'on monte en grade dans l'humanité*, et que l'on est apte à comprendre et à accomplir des actes d'une nature supérieure à celle des actes de la vie ordinaire.

Il ne se mêle à cette pensée aucun sentiment d'orgueil ; au contraire, on a la conception très nette que tout retour égoïste sur nous-même détruirait justement notre mérite et, par suite, la satisfaction que nous lui devons.

Il n'y entre aucune comparaison avec ce que sont les autres. Nous sentons que notre état d'âme est tout personnel, qu'il résulte de notre nature, de la tournure de notre esprit, et que nous ne saurions en tirer gloire sans en amoindrir, par cela même, la valeur.

Nous n'éprouvons aucun désir que d'autres sachent que nous sommes bons. Nous avons même conscience qu'ils ne pourraient pas bien comprendre ce qui se passe en nous.

Nous jouissons simplement, sincèrement, pleinement, sans aucune préoccupation inférieure, de l'ascension de notre âme dans une région plus haute que celle où l'on se borne au strict accomplissement du devoir.

La *charité*, à tous ses degrés, c'est l'extériorisation, l'organisation de la bonté.

La bonté rayonne ; la charité réchauffe. La bonté jouit pleinement d'elle-même ; la charité est insatiable : rien ne peut assouvir sa soif d'extériorisation. Partout, sous toutes les formes, elle éprouve le besoin et elle trouve l'occasion de s'exercer.

C'est un sourire et une caresse pour sécher les pleurs d'un enfant ; — c'est une parole de réconfort à un malade qui souffre ; — c'est une conversation avec un pauvre vieillard isolé dont personne ne s'occupe, et auquel elle ouvre la vision consolante qu'il y a encore en ce monde une sympathie pour lui.

La charité s'exerce aussi matériellement, par des actes. C'est un coup de main à une personne trop chargée ; — un parapluie partagé avec quelqu'un qui se mouille ; — un gâteau acheté à un pauvre enfant arrêté, avec des yeux pleins de convoitise, devant l'étalage d'un pâtissier.

La charité s'exerce par des dons aux indigents, aux malades, aux œuvres utiles qui ont pour objet d'augmenter les satisfactions et d'atténuer les maux de l'humanité.

La charité cultive la joie pour faire fleurir le sourire. C'est le jardinier du bonheur.

Les joies que procure la charité sont proportionnelles à celles qu'elle fait éclore. C'est ce qui explique l'avidité avec laquelle les personnes vraiment charitables, — charitables du fond de l'âme, — se donnent, se prodiguent.

Elles récoltent en bonheur tout ce qu'elles sèment en bonté.

C'est de la charité ainsi comprise que jaillissent ces deux vigoureux rejetons : le *dévouement* et le *sacrifice*.

Se dévouer, c'est vouloir vivre, pour accomplir une œuvre vertueuse ou héroïque. *Se sacrifier*, c'est faire le don complet de la vie elle-même pour un but supérieur.

Les joies que procurent le dévouement et le sacrifice aux âmes trempées pour atteindre ces hauteurs sont des joies ineffables, que l'on peut soupçonner quand on connaît déjà celles que donnent l'accomplissement du devoir et la pratique de la charité, mais que l'on ne peut comprendre et apprécier pleinement que lorsqu'on les a soi-même méritées et conquises.

§ 2.

L'homme est une créature essentiellement sensible.

A sa sensibilité physique, — dont la répartition en cinq sens ne donne qu'une idée grossière et incomplète, puisque chacun d'eux comporte une gamme indéfinie de sensations variées, — s'ajoute la sensibilité intellectuelle, celle de l'imagination, et les mille sensibilités qui dépendent de l'affection, des passions, de l'esthétique, des vertus.

Aussi, l'être humain est-il en vibration constante, comme une harpe éolienne sous le souffle du vent, et les évènements de la vie font-ils jaillir constamment, du fond de sa nature, des accents de joie ou des gémissements de douleur.

La nature humaine est ainsi faite, qu'aux biens et aux maux inhérents à la réalité concrète, elle ajoute ceux qu'elle tire de son propre fonds et surtout des fantaisies de l'imagination.

Il y a donc, pour ainsi dire, dans l'homme une double sensibilité : celle dont les objets sont réels ; — celle dont les causes sont purement imaginaires.

La première est naturelle, normale ; la seconde, adventice, factice, et plus nuisible qu'utile au bonheur, lorsque les impressions désagréables qu'elle engendre ne sont pas compensées par les rêves agréables qu'elle procure.

Ce qu'il faut, c'est emprunter à l'imagination les biens qu'elle nous offre et repousser obstinément les maux qu'elle se plaît à nous représenter.

« Les maux imaginaires, dit Swift, deviennent bientôt réels, lorsqu'on se laisse aller à y penser ; comme celui qui, dans un moment de rêverie, croit voir une tête sur les murs, peut, avec deux ou trois coups de crayon, la rendre tout à fait visible et d'accord avec ce qu'il imaginait. »

Quant à la sensibilité normale, nous avons déjà vu qu'elle s'émousse dans l'adversité, surtout si notre âme est, d'autre part, fortement armée au point de vue moral.

« Il n'est d'affreux, dit Châteaubriand, que le commencement du malheur ; au comble de l'adversité, on trouve, en s'éloignant de la terre, des régions tranquilles et sereines ; ainsi, lorsqu'on remonte les rives d'un torrent furieux, on est épouvanté, au fond de la vallée, du fracas de ses ondes ; mais à mesure que l'on s'élève sur la montagne, les eaux diminuent, le bruit s'affaiblit et la course du voyageur va se terminer aux régions du silence, dans le voisinage du ciel. »

Les modes de sensibilité qui nuisent le plus à notre bonheur, sont ceux qui dérivent de nos passions.

L'homme est naturellement égoïste. De l'*égoïsme* découle l'*orgueil*, l'irritation contre toute supériorité, l'*envie*, la *jalousie*, passions cruelles, qui provoquent en nous les plus terribles malaises moraux, et qui sont des obstacles à notre bonheur.

Mais ce ne sont pas des obstacles insurmontables.

L'homme peut se raisonner, il peut se vaincre, il peut fondre ses mauvais instincts au soleil de la sympathie.

« Il n'y a pas d'autre moyen de se défendre contre la supériorité d'autrui que de l'aimer », dit Gœthe.

Comme c'est vrai ! Est-ce en niant la supériorité d'autrui, est-ce en la jalousant, que nous guérirons la blessure qu'elle cause à notre amour-propre ? Non ! c'est uniquement en la reconnaissant, en l'admirant, en l'aimant. Du moment que nous l'avons acceptée, elle ne nous écrase plus et ne nous torture plus.

Combien la sympathie éclorait en nous avec plus de facilité, si nous nous rendions compte combien nos antipathies sont déraisonnables et ridicules.

On ne peut s'empêcher de sourire lorsqu'on apprend, par l'histoire ou par la lecture de biographies, qu'Henri III ne pouvait demeurer seul dans une chambre où il y avait un chat; — que le duc d'Epernon s'évanouissait à la vue d'un levraut; — que le maréchal d'Albret se trouvait mal dans un repas où l'on servait un marcassin ou un cochon de lait; — que Vladislas, roi de Pologne, se troublait et prenait la fuite quand il voyait des pommes; — qu'Erasme ne pouvait sentir le poisson sans avoir la fièvre; — que Scaliger frémissait de tout son corps en voyant du cresson; — que Tycho-Brahé sentait ses jambes défaillir à la rencontre d'un lièvre ou d'un renard; — que le chancelier Bacon tombait en défaillance lorsqu'il y avait éclipse de lune ; — que Bayle avait des convulsions lorsqu'il entendait le bruit que fait l'eau en sortant d'un robinet; — que Lamothe le Vayer ne pouvait souffrir le son d'aucun instrument, etc., etc.

Eh bien! si l'on voulait rechercher d'où proviennent les antipathies que l'on éprouve vis-à-vis des personnes, on ne tarderait pas à s'apercevoir qu'elles ne sont pas plus fondées que celles-là.

Bien des fois même, il est tout à fait impossible de découvrir la cause de semblable antipathie.

Or, il importe de se guérir d'une semblable disposition, dans l'intérêt même du bonheur bien entendu, car nos antipathies nous causent autant de peines que nos sympathies nous procurent de joies.

Un savant très distingué du siècle dernier a indiqué un moyen de cure complète dont il avait fait l'épreuve sur lui-même.

« Je rencontrais souvent à l'Académie, dit-il, un petit homme d'un visage ingrat, que je ne pouvais regarder sans qu'aussitôt tout mon corps ne fut agité d'une inquiétude douloureuse : j'étais obligé de tourner le dos ou de baisser les yeux, pourqu'il ne s'aperçût point de la mauvaise impression qu'il faisait sur moi.

« La situation devenait chaque jour plus insupportable, car il venait assidûment à la Bibliothèque, et semblait me chercher avec l'empressement que j'aurais voulu mettre moi-même à le fuir. A la fin, songeant un matin dans mon lit, je jetai un cri de joie : j'avais trouvé un expédient qui devait chasser mon antipathie, et, dans le cours de la semaine, je l'exécutai avec succès. Je parvins à rendre un service à cet homme, peu de chose à la vérité, mais il fut obligé de m'exprimer sa reconnaissance. Son visage alors me parut beau et aimable : depuis ce temps, je ne le vois jamais venir à moi sans un sentiment de plaisir. »

Il semblerait, à première vue, qu'il y eût dans la satisfaction qu'éprouvait celui qui fait ce récit, quelque chose qui ressemble à de l'amour-propre flatté. Nullement, le plaisir éprouvé devait provenir uniquement de la transformation de l'antipathie en sympathie.

La *haine* est l'exaspération de l'antipathie ; aussi nous fait-elle encore plus de mal que celle-ci. Il faut faire tout son possible pour s'en guérir.

Voici, à cet égard, quelques considérations efficaces que j'ai recueillies au cours de mes lectures :

« Vous avez souffert de l'ingratitude d'un ami, de l'insensibilité d'un parent, de l'injustice d'un étranger ; vous sentez la haine grandir dans votre cœur contre celui qui vous a offensé ; vous cherchez peut-être, tout bas, les moyens de le punir ! Mais qu'on vienne vous dire, à l'heure même où les flots de la colère gonflent votre poitrine : — Il est mort ! Et les flots retomberont, votre emportement s'arrêtera malgré lui devant la tombe ; vous aurez honte de haïr et vous arriverez à la pitié.

« Pensez à cela chaque fois qu'un désir de vengeance s'éveillera dans votre âme ! Tous les hommes sont des condamnés à mort ! A quoi bon ces ressentiments acharnés entre gens qui ne font que traverser la terre ? Pourquoi ces fureurs contre le vivant, qui tout à l'heure peut-être ne sera plus ? Quand vous apercevez votre ennemi et que votre sang s'allume, dites-vous :

— « Cet homme que je déteste porte en lui le germe de la destruction ; c'est un mort ajourné qui passe ?

« Les générosités de votre âme s'éveilleront, votre sang s'apaisera, et la pensée de cet infini, vers lequel nous marchons tous, détournera votre cœur des fugitives passions de la vie. »

Dites-vous aussi que cette haine qui vous ronge fait surtout du mal à vous-même. Efforcez-vous de la raisonner : à la réflexion, vous finirez par vous rendre compte, très probablement, qu'elle est beaucoup moins justifiée que vous ne vous le figuriez dans l'aveuglement de la passion.

Il faut beaucoup nous méfier de cette sensibilité excessive de notre tempérament, qui grossit et exagère toutes choses.

L'*irritation*, la *colère*, sont des travers qui se relient, par des affinités étroites, à la susceptibilité et à l'antipathie. Ce sont des explosions soudaines, impulsives, qui nous échappent d'autant plus facilement que nous n'avons pas pris soin de former suffisamment notre caractère pour arriver à nous dompter nous-mêmes.

De cela, nous nous rendons bien compte.

Il nous arrive souvent, le soir, en repassant ce que nous avons fait et dit dans la journée, de regretter de nous être laissé emporter à des paroles d'irritation. En réfléchissant, on voit très clairement qu'on aurait dû se maîtriser, se modérer, qu'il aurait mieux valu garder le silence, ou du moins se montrer plus calme, ce qui aurait permis d'exprimer avec plus d'utilité la pensée que l'on croyait juste.

Les sages ont indiqué plusieurs moyens d'anéantir les effets de l'irritation intérieure. Ces moyens peuvent paraître puérils, mais ils sont bons s'ils réussissent. Un proverbe dit qu'il faut tourner sa langue plusieurs fois ; un autre, qu'on fera bien de réciter les lettres de l'alphabet.

Un membre du Conseil d'État, M. D***, avant de répondre à une opinion qui l'irritait, avait toujours soin de commencer son discours, en reproduisant, avec le plus d'impartialité et de lenteur possible, les expressions mêmes dont s'était servi son adversaire : cela lui donnait le temps de se rasséréner un peu.

Voici un autre expédient qui peut prêter à rire. Ch. de D., lorsqu'il sentait monter en lui la colère, se pinçait très fortement au-dessus du genou : il lui en restait parfois des « bleus ». Mais il s'était dompté, et il s'en félicitait toujours.

Descartes, qui fut un profond psychologue, écrivait ceci dans une « Lettre à Voet ». [1]

« Toute émotion de l'âme tendant à la colère, la haine, la dispute, est toujours très préjudiciable à la personne qui est ainsi émue, quelque juste que puisse en être la cause, parce que telle est la nature de l'homme, qu'un petit mouvement déréglé, auquel nous nous livrons, laisse en nous une grande disposition à nous livrer à d'autres mouvements du même genre, plus déréglés encore. Si quelqu'un a souffert une fois

[1] *Epist. ad Voetum*, p. 26.

qu'il s'élève dans son âme un mouvement de colère, pour un sujet qui était légitime, il deviendra par là même beaucoup plus enclin à se mettre une autre fois en colère pour un sujet qui ne le serait pas. »

C'est un cas spécial de l'effet que produit l'accoutumance à certains actes : à force de s'irriter, on devient de plus en plus irritable.

Par contre, plus on s'attache à combattre ses mouvements violents et à leur substituer de douces habitudes, plus on se met à l'abri des suprises de la colère.

C'est ce que saint François de Sales avait fort bien compris lorsqu'il dit :

« Lorsque vous êtes tranquille et sans aucun sujet de colère, faites grande provision de douceur et de débonnaireté, disant toutes vos paroles, faisant toutes vos actions de la plus douce manière qu'il vous sera possible. Et songez qu'il ne faut pas seulement avoir la parole douce à l'égard du prochain, mais encore toute la poitrine, c'est-à-dire tout l'intérieur de notre âme. »

Les satisfactions les plus douces que puisse nous procurer la sensibilité sont celles qui proviennent de nos affections.

Napoléon Ier a proclamé, avec la puissance de pensée et d'expression qui lui était ordinaire :

« Eussiez-vous l'âme aussi ardente que le foyer de l'Etna, — si vous avez un père, une mère, une femme, des enfants, vous ne pouvez redouter les anxiétés de l'ennui. Par le sentiment, nous jouissons de la nature, de la patrie, des hommes qui nous environnent... Voilà les seuls, les vrais plaisirs de la vie, et dont rien ne peut ni nous distraire ni nous indemniser. »

Comme tous nos sentiments, l'affection s'entretient et se développe par la répétition des manifestations extérieures. C'est ce qui fait qu'au sein de la famille les caresses excitent la tendresse qui nous porte à les prodiguer.

L'enfant caressant est plus aimé de ses parents, et les aime davantage, parce qu'il réveille plus souvent l'affection dans leur cœur et dans le sien.

Par malheur, l'âge efface insensiblement cette habitude : devenus grands, nous avons honte de la naïveté de nos expansions ; nous ne nous apercevons pas que la froideur extérieure dont nous nous enveloppons alors, nous passe bientôt jusqu'au cœur. De là, quelquefois, l'indifférence qui s'établit entre les membres d'une même famille; de là, cette désaffection réciproque qui les sépare, vers le milieu de la vie, et les rend étrangers l'un à l'autre, sinon hostiles. Que l'on cherche bien, et l'on verra que, peut-être, du premier jour où l'on a oublié d'embrasser son père ou sa sœur à son lever, on a commencé à les moins aimer.

A force de supprimer l'expression d'une émotion, l'homme s'en désaccoutume ; au contraire, la manifestation apparente d'un sentiment l'entretient, le surexcite, l'exalte, comme l'exercice du corps le rend plus fort et plus souple, comme l'usage de la parole accroît l'énergie de l'esprit.

Aussi la perte des habitudes caressantes de l'enfance est-elle un grand malheur dans nos mœurs; — car c'est une des causes les plus propres à détruire l'affection de famille, qui est la plus douce, la plus sûre, et la plus constamment bienfaisante de toutes les amitiés.

Si les affections nous procurent de grandes joies, elles nous causent, lorsque nous les perdons, de cruels déchirements.

C'est incontestable!... Plus notre affection est vive, plus elle nous donne de bonheur, plus l'abime de malheur qui s'ouvre devant nous paraît effroyable lorsqu'elle vient à être brisée.

Essayer de nier la réalité de pareilles douleurs, — comme ont tenté de le faire quelques stoïciens, — c'est vouloir donner un démenti à la nature elle-même.

Non, rien n'égale la souffrance que provoque la brusque destruction d'une ardente affection. C'est même la seule qui ne puisse être allégée par aucun réconfort, par aucune consolation de ce monde. Seul, l'espoir d'une autre vie apporte *à l'esprit* un adoucissement, mais la sensibilité blessée reste toujours en proie à la même douleur aiguë.

Rien de plus criminel, en ce moment, que de chercher à apporter, à l'âme torturée, de banales consolations. C'est retourner le poignard dans la plaie, c'est martyriser la personne que l'on prétend soulager.

Songez que l'âme, en ce cruel moment, *ne veut pas être soulagée! Elle veut souffrir!...* Et c'est aller contre toutes les tendances actuelles de sa nature que de chercher à la détourner de sa souffrance.

Mme Marie d'Ebner-Eschenbach a vu clair dans ce
sentiment mystérieux qu'elle a dû éprouver, car elle
écrit dans ses *Aphorismes* :

« Quand une personne aimée meurt, nous puisons
une sorte de consolation dans la conviction que la
douleur que nous cause sa perte ne diminuera jamais.»

La mort d'une personne aimée est une telle catas-
trophe pour notre sensibilité qu'elle paraît être *la fin de
tout.*

Un ami, qui venait de perdre sa femme, m'écrivait :

« Celle qui était tout mon univers a disparu, et je
m'étonne que la terre continue à tourner comme
auparavant. »

Plus tard, il me disait :

— Quelle sensation étrange !... En suivant le convoi
funèbre, j'étais stupéfait de voir que le soleil brillait
toujours, que les gens allaient et venaient, indifférents,
comme s'il ne se fût passé aucun évènement extraor-
dinaire, et je me sentais une envie de courir à eux, de
les secouer et de leur crier :

— « Mais vous ne savez donc pas qu'*elle* est morte !...
Vous ne savez donc pas que c'est *elle* qui est là, allant
à sa dernière demeure, *et que je ne la verrai plus !* »

Allez donc parler de *consolations* à cet homme
pour qui il n'existe plus rien, — rien que cette idée
fixe : « Tout est fini ! elle est morte ! »

Si j'avais été auprès de lui, je lui aurais dit :

— Pleure ! pauvre cœur brisé !... Pleure ta chère
morte !... Tu ne la pleureras jamais assez !

Et j'aurais pleuré avec lui.

Car l'âme n'éprouve à ce moment qu'un seul besoin : exhaler sa douleur ! Bien loin d'entraver cette tendance naturelle, il faut au contraire, l'aider, *user la douleur, l'épuiser jusqu'à la dernière goutte.*

La douleur usée, il reste, au fond de l'âme, avec le regret du bonheur d'autrefois, la consolation de pouvoir se dire :

— Comme je l'aimais !

Et peu à peu l'on se reprend à l'espérance et à la vie.

Ces crises de la sensibilité sont *des malheurs :* elles ne sont pas *du malheur !*

Au dessus de la sensibilité affective, règne, dans les plus hautes régions de notre âme, la sensibilité esthétique et morale.

La première s'attache à des biens périssables, qui ne dépendent pas de nous ; — la seconde a pour objet les biens supérieurs, la jouissance du beau et de la vertu, dont rien ne peut nous priver.

La première est accessible à tout le monde ; — pour arriver à la seconde, il faut une certaine culture de l'intelligence, et cette formation supérieure de la conscience qui nous fait rechercher des satisfactions morales au-delà des limites du devoir.

« C'est une nécessité de l'esprit et du cœur humain, dit Lessing, de s'exercer à des objets spirituels pour arriver à un éclaircissement parfait et pour produire en nous-mêmes cette pureté de sentiment qui nous fait aimer la vertu à cause de sa valeur intrinsèque, sans espoir d'autre récompense que la conscience de notre intégrité. »

Rien n'égale, sur la terre, le bonheur calme de l'homme qui a pris à tâche de travailler à sa perfection morale, de façon à en atteindre, si possible, les plus hauts degrés.

Nous en trouvons un écho dans les œuvres des écrivains ascétiques. On sent qu'ils peignent, en traits pénétrants, ce qu'ils ont eux-mêmes éprouvé.

A ce point de vue, la lecture de l'*Imitation de Jésus-Christ*, est pleine de suggestions. C'est le « code du bonheur » de l'âme qui, détachée de la terre, a mis toute sa puissance de désirs dans la conquête et dans la possession de la vertu.

Des écrivains profanes ont éprouvé ces joies et les ont peintes avec des accents enthousiastes. Tel Jean-Paul Richter lorsqu'il écrit :

« Il y a des jours où la vertu exerce sur nous plus d'influence ; des jours où l'on pardonne tout, où l'on peut tout sur soi-même ; où la joie, cette fille du Ciel, semble s'agenouiller dans notre cœur, et demander à son Père d'y rester plus longtemps ; — où tout brille à nos yeux d'une nouvelle sérénité !

« Si dans ce moment, on répand des larmes de plaisir, celui que l'on éprouve est si grand, que tout disparaît autour de nous. »

On voit, par ce qui précède, l'importance du rôle que jouent la conscience et la sensibilité dans le bonheur d'ici-bas. On voit aussi quelles inépuisables ressources nous offre notre propre nature, pour que dans toutes les conditions, nous puissions vivre relativement heureux.

CHAPITRE X

La Vie Heureuse

§ 1er

La conclusion qui se dégage de tout ce qui précède, c'est que le bonheur, ainsi que nous l'avons démontré au début, n'est pas une entité indépendante, telle que l'ont conçue beaucoup trop de philosophes spéculatifs, et comme bien des esprits sont portés encore à se le représenter.

Ce n'est pas un bien extérieur à nous-mêmes, et que nous avons à conquérir pour satisfaire nos désirs.

Le bonheur est un *état d'âme*. On est heureux ou malheureux, selon que l'on se procure ou que l'on perd cet état d'âme.

Par conséquent, le *problème du bonheur*, c'est le problème de la *vie heureuse*.

Nous croyons avoir suffisamment démontré qu'il dépend beaucoup de nous de rendre notre vie heureuse. Les conditions générales de cet état d'âme sont la *sérénité*, qui, en toutes circonstances nous permet de conserver le calme, — la *modération des désirs*, qui ne nous expose pas aux désillusions et aux déceptions, toujours cruelles, — la *quiétude*, qui nous empêche d'empoisonner nos satisfactions présentes par l'appréhension de contrariétés futures.

Comme on le voit, toute cette doctrine pourrait se résumer aisément dans ce précepte :

« Quand on n'a pas ce que l'on aime, il faut aimer ce que l'on a. »

Or, nous avons beaucoup, beaucoup plus que nous ne le croyons. Que de sources auxquelles peut s'alimenter notre félicité, même dans la vie la plus ordinaire et, comme nous n'avons jamais cessé de le répéter, *dans toutes les conditions.*

Que faut-il pour cela : *aimer ce que l'on a !*... C'est la forme la plus simple, la plus accessible à tous, de la modération des désirs.

Aimer ce que l'on a, c'est se donner à soi-même un gage de bonheur, car ce que l'on aime est toujours ce que l'on trouve de meilleur.

Les Grecs ne s'y étaient pas trompés dans leur joli proverbe :

Οἶκος φίλος, οἶκος ἄριστος.

« La demeure que l'on aime, est la demeure la meilleure ! »

Aimer ce que l'on a, c'est ne pas étendre nos désirs au-delà du cercle de ce qui se trouve à notre portée. S'il n'y a à notre portée que des biens modestes, nous devons nous en contenter, d'autant plus aisément que c'est dans ceux-là, nous l'avons vu, que se trouvent le plus de véritables satisfactions.

C'est ce qu'exprime fort bien Duclos, lorsqu'il dit :

« Une réputation honnête est à la portée du commun des hommes : on l'obtient par les vertus sociales et la pratique constante de ses devoirs. Cette espèce de réputation n'est, à la vérité, ni étendue, ni brillante ; mais elle est, souvent. *la plus utile pour le bonheur !* »

§ 2.

La *vie heureuse*, c'est surtout le calme, la paix, le repos de l'âme, même au sein de l'activité du corps ou de l'esprit, même avec les quelques douleurs physiques et morales qu'il n'est guère possible d'éviter complètement ici bas.

Si l'on possède cette âme paisible, — sans secrets, — sans remords ; — un cœur aimant et aimé ; — si l'on se sent utile ; — si l'on est en état de suffire à ce qui est nécessaire à la vie, *ne fût-ce que strictement ;* — dans ces conditions on peut s'estimer heureux, — et même *très heureux parmi les heureux.*

C'est là, c'est dans ce calme résultant de la modération des désirs que réside le *vrai*, le *seul* bonheur !

On peut l'accroître encore en cherchant à acquérir ces *richesses*, (qui sont aussi les seules véritables, parce qu'elles ne sont pas capricieuses et périssables comme celles auxquelles on donne abusivement ce nom), — la science, la sagesse, la vertu.

Il n'est pas nécessaire, pour jouir de ces vrais biens, d'en atteindre d'emblée les plus hauts sommets.

Nos premières satisfactions commencent avec les premières tentatives que nous faisons pour nous instruire et nous perfectionner, — et elles s'accroissent au fur et à mesure que nous nous avançons dans cette voie.

Il n'est pas besoin d'acquérir chaque jour beaucoup de notions nouvelles, — ou d'accomplir des actes héroïques.

Des lectures choisies [1], — la pratique des petites vertus, toutes choses qui sont à notre portée, nous acheminent modestement mais sûrement vers l'accroissement de nos connaissances et vers notre perfection morale.

Il n'y a pas de *petites choses* dans le domaine de l'intelligence et de la vertu.

Un ami de Michel-Ange était venu lui rendre visite au moment où il achevait une statue. Quelque temps après, le voyant travailler à la même œuvre, il lui dit :

— Vous n'avez rien fait depuis ma dernière visite ?

— Vous vous trompez ! répondit le grand artiste. J'ai retouché cette partie, poli cet autre, adouci ce trait, fait

---

[1] Consulter, à cet égard, *Le Choix d'une Bibliothèque*. Guide de la Lecture, par Joël de Lyris (Un volume de la Bibliothèque Aubanel Frères).

ressortir ce muscle, donné plus d'expression à cette lèvre, plus d'énergie à ce bras.

— Très bien ! mais ce sont là des bagatelles.

— Sans doute ; mais *rappelez-vous qu'il ne faut pas négliger les bagatelles pour atteindre à la perfection, et que la perfection n'est point une bagatelle.*

Cette observation s'applique également à notre perfectionnement intellectuel et moral.

§ 3.

On voit que nous ne comptons, parmi les éléments de la vie heureuse, ni la fortune, ni le luxe, ni les plaisirs du monde, ni les honneurs, ni la gloire, — d'abord, parce que ces *accessoires* ne sont pas accessibles à tout le monde, ensuite, et surtout, parce que ce ne sont pas nécessairement des *biens.*

Au contraire, il s'attache, à la recherche et à la possession de toutes ces choses, des peines et des inquiétudes, qui ne paraissent pas, aux esprits réfléchis, suffisamment compensées par les satisfactions.

Les hommes ne se portent à la conquête de tous ces prétendus biens que parce qu'ils se trompent sur leur véritable valeur. Ils croient que le bonheur est dans ces choses, alors que le bonheur est en nous-mêmes.

Telle est la conviction que nous voudrions avoir fait pénétrer dans tous les esprits. Si une première lecture ne suffit pas à vous convaincre, faites-en une seconde, une troisième, réfléchissez sur les passages qui vous paraissent douteux, et surtout, interrogez-vous vous-mêmes.

Recherchez si vous n'avez pas éprouvé personnellement tous ces sentiments que l'auteur a dépeints parce qu'il les a puisés en lui-même. Rendez-vous compte de chacune de vos impressions de satisfaction ou de peine, et voyez si elles ne se rattachent pas précisément aux principes que nous venons d'exposer.

Si vous faites cet examen sérieusement, sincèrement, avec le désir bien arrêté de vous faire une opinion sur ce qu'est réellement le bonheur (et quel problème plus important y a-t-il dans cette vie ?), nous sommes persuadé que vous reconnaîtrez la vérité de nos enseignements lorsque nous vous disons :

« Pour être heureux, simplifiez votre vie le plus possible. Ecartez-en le faste, les apparences extérieures, les agitations, et augmentez-en, dans la plus large mesure possible, les satisfactions intimes, les joies du foyer, les plaisirs simples de chaque jour qui sont à votre portée.

« Et lorsque vous vous serez fait cet intérieur heureux, employez vos loisirs à cultiver votre esprit, à élever votre cœur, *à monter en grade dans l'humanité*, non pas au point de vue de la hiérarchie sociale, mais par la perfection intellectuelle et morale. »

C'est ce qu'exprime d'une manière plus brève et avec une image saisissante, cette pensée d'Auguste Lafontaine :

« Que ta vie soit douce, simple, et que ton esprit soit dans les cieux ! Imite l'alouette, qui pose humblement son nid près de la terre, sur quelques tiges de froment, et de cette modeste demeure, s'élève en chantant vers le séjour de la lumière ! »

Conclusion

A nos yeux, le *problème du bonheur* est résolu !

Il y a un bonheur *parfait, absolu !* C'est celui dont Mlle de Sénancourt a écrit :

« Nul de nous n'a vu le bonheur, si ce n'est à travers des espérances ; — nul de nous n'a joui des trésors que son imagination lui a dépeints, et cependant, nous les cherchons avec tant de persévérance que, ne les trouvant pas dans ce monde, nous espérons les trouver un jour dans l'autre. Il serait difficile de penser que nous imaginons ce qui n'existe pas et n'existera jamais. »

Cette réflexion est juste : le bonheur absolu qui nous est refusé ici-bas, nous sommes assurés de le trouver dans l'autre monde, et là seulement.

Voilà la solution du problème du bonheur absolu !

Il y a un *bonheur relatif,* ou pour parler plus exactement, et plus conformément aux réalités de ce monde, il y a, à notre portée, une foule de satisfactions, dans lesquelles il appartient à chacun de nous de puiser, suivant sa nature, pour rendre sa *vie heureuse.*

L'essentiel est de ne pas se tromper, — ni sur les vraies sources de satisfactions, — ni sur celles qui nous conviennent, — ni sur celles qui sont à notre portée.

Tout ce volume a été consacré justement à faire la lumière sur ces différentes questions.

Il en est résulté pour nous que les conditions générales du bonheur résident en nous-mêmes : ce sont la *sérénité*, la *modération des désirs*, la *quiétude*.

Toutes les autres choses, extérieures et intimes, ce sont simplement les éléments que nous mettons en œuvre pour *construire notre bonheur* sur ces trois bases.

Il importe *de faire* notre propre vie, de façon à ce qu'elle soit heureuse, et ensuite, *de nous faire à notre vie !*

Moins nous compliquerons notre existence, moins nous éprouverons de difficultés à édifier notre bonheur, moins nous aurons de crainte de le voir s'évanouir, parce que la *vie simple* est la moins exposée aux vicissitudes.

Contents de nous-mêmes, contents des autres, contents de notre sort, nous retirerons de ce triple contentement, cette félicité calme, sereine, mais exempte d'agitations et de soucis, qui est le rêve de tout esprit sage et réfléchi.

Si nous *cultivons notre contentement* en cultivant les plus hautes facultés de notre âme, nous atteindrons le plus haut degré de bonheur qu'il soit possible à l'homme de goûter ici-bas.

Telle est la solution du problème du bonheur relatif, — et il est parfaitement inutile d'en chercher une autre : il n'y en a pas.

Chercher le bonheur *absolu* dans les choses *relatives*, est un contre-sens que révèle ce seul énoncé.

Croire que le bonheur *relatif* est une satisfaction ou un ensemble de satisfactions correspondant à un *idéal fixe*, — par exemple, à la plus haute somme de satisfactions physiques, intellectuelles et morales qu'il soit possible de goûter; — que notre félicité est proportionnée, par conséquent, à la somme de pouvoir et de richesse que nous pouvons conquérir, parce que le pouvoir et la richesse permettent de se procurer la plus grande somme possible de satisfactions, — c'est laisser divaguer notre pensée dans un monde imaginaire qui n'a aucune ressemblance avec le monde réel.

C'est la *chimera bombinans in vacuum!* de la philosophie scolastique,

L'éternelle chimère, errante dans le vide !

TABLE DES MATIÈRES

AVIGNON, IMP. AUBANEL FRÈRES.

AVIGNON, IMP. AUBANEL FRÈRES

www.ingramcontent.com/pod-product-compliance
Lightning Source LLC
Chambersburg PA
CBHW070610100426
42744CB00006B/448